奇想遺産

世界のふしぎ建築物語

鈴木博之
藤森照信
隈　研吾
松葉一清
山盛英司

新潮社

奇想遺産
目次

奇景奇観

奇塔奇門

奇態

奇智

数奇

神奇

新奇 叛奇

まえがき

松葉一清

旅とは、訪ねた土地の「奇矯な事物」を見物に出かけることに他ならない。そして、ひとは旅先で、名所旧跡を超えた自分だけの「とっておき」を発見したとき、通り一遍の観光から抜け出た快感を覚えるのである。日々の生活では思いつきもしない「奇想」に基づいて構築された建築、記念碑、そして大地の造形。新鮮な驚きを期待する好奇心が、不思議な形を求めてやまないから、観光は今や世界の主要産業なのだ。

「奇想遺産」とは、そうした旅人たちの記録帳に描かれた不思議な遺産を抜き出してきたものである。古今東西に題材を求め、建築学を修めた鈴木博之、藤森照信、隈研吾とわたし、そして、美術に造詣の深い山盛英司が世界を旅して何度も訪ねた「とっておき＝愛玩物」を披露する。専門領域からすると大得意であったり、時には不得手な題材もあったりするが、選出の基準を「奇想」の一語に集約させ、週に1回のペースで、3年近く朝日新聞紙上で紹介の筆をとった。

20世紀に表現芸術の教育を受けた者たちは、有無をいわさず審美眼を一度は曇らされた体験を持つ。

近代以降の思考では為政者を賛美する装飾は反市民的であり、20世紀の工業主義はその土地固有の表現を無駄の極みとした。そして、それらは20世紀が目指すモダニズムの発展にとって百害あって一利なしと教え込まれた。しかし、偏見を捨て去って、ひとたび歴史を学べば、世界は、無体な欲望やただ驚かせたいだけのはったりが跳梁跋扈し、近代の理性に縛られない奇想の産物にあふれていることを知った。20世紀のモダニズムの狭量さに愕然とさせられたわけだ。

ポスト・モダンの考え方とは、20世紀の凝り固まった枠を外し、自由闊達で多様な価値観を容認する視点に他ならない。そうなれば、評価の固まった巨匠の名品から、「これって変すぎない」と思う事物まで、一堂に会させて眺めてみたくなる。本書に集合した77件の「奇想遺産」が、一筋縄ではとらえられない多様な価値観を提示していれば、筆者たちの狙いは、ひとまず達成されたことになるだろう。

時には風景までをも歪める「奇景・奇観」、都市の奇怪な象徴を意図した「奇塔・奇門」、不思議な形をきわめた「奇態」、知的研鑽を提起する「奇智」、自己流の風流をここまでやるかと思わせる「数奇」、神仏の霊験を表現した「神奇」、既成概念に確信犯的に叛く「新奇・叛奇」。それこそ七不思議に倣って「七つの分類」で取りそろえた展示物を、読者に堪能いただくことが、なによりの筆者たちの願いである。

奇景奇観

ル・ピュイ＝アン＝ブレ

所在地◆オーベルニュ地方、オート＝ロワール県
完成年◆962年（礼拝堂）
建築家◆不詳

【文・写真】**藤森照信**

唐突な光景、としか言いようがない。町はずれの野原のなかに、高さ85メートルの岩が立ち上がり、てっぺんには教会がのっている。フランスの中央山地のなかほどに位置するル・ピュイ＝アン＝ブレという田舎町の光景だが、実際訪れるまでこれほどの高さとは思わなかった。

ころげ落ちるような石段を268段踏んで登り、堂内に入ると、外観におとらず内部も予想外で、柱が不規則に並び、どこが正面でどこが祭壇やら分からない。本来なら縦長で整形の教会平面をてっぺんの狭い敷地の上に曲げるようにして押し込んだのだから仕方がない。意外なまでの高さといい、曲がった平面といい、ちょっと世界にも類のないキリスト教建築といえよう。

どうしてこんなことになってしまったんだろう。

話はキリスト教以前にさかのぼる。もともとはケルト人の地で、ケルトのドルイド教の聖地だった。ドルイド教は、木や岩や泉に聖性を認めて拝する自然信仰で、この岩を聖なる岩、神宿る岩とし、てっぺんで寝ころべば病気が治ると信じられていた。たしかに、姿といい高さといい病気なんか空に飛んでってもおかしくない。

しかしやがてドルイド教はキリスト教におされて滅び、最初のミレニアム（千年紀）を迎えるにあたりキリスト教熱は一気にこの地をおおい、ついに962年、キリスト教の礼拝堂がケルトの岩の上に造られるにいたった。

ヨーロッパ中世のはじまりである。スタイルは11、12世紀のロマネスク様式で、引き続く13、14世紀のゴシック様式の壮麗にくらべ、素朴を身上とする。

ケルトの聖地の跡にキリスト教会が造られる例は他にもあって、フランスきっての、かのシャルトル大聖堂もその一つとして知られる。聖なる光景は宗教を問わないということか。

さてしかし、ロマネスクの礼拝堂を造ってみると、堂内の床の上に寝ころぶ者が絶えない。巡礼者たちである。

中世のスタートとともにスペインの聖地サンチャゴをめざして巡礼が始まるが、彼らは、フランス各地からル・ピュイ＝アン＝ブレにいったん集結し、グループをなして出発する。体を病む巡礼者も少なくなく、この岩の上で心身をしばし癒《いや》してから、千数百キロの旅路を歩きはじめた。

ドルイド教は消えても、岩への信仰は人々の心の奥に残ったのである。

火山の起伏が生んだ巡礼の場

フランス中南部に位置するル・ピュイ＝アン＝ブレは、火山活動が生んだ起伏ある大自然の中の聖地巡礼の街。ル・ピュイは丘や山、火山を意味し、二つの円錐《えんすい》形の奇岩がそびえる。片方のサン＝ミシェル岩の頂上に建つのが「サン＝ミシェル・デギュイユ礼拝堂」。９６２年に礼拝堂が作られ、その後巡礼者の増加にあわせて外陣や周歩廊などを増築した。もう片方のコルネイユ岩からは赤色の巨大な聖母子像が見下ろしている。ふもとに建つ「黒い聖母子像」を祭るノートル＝ダム大聖堂への訪問者も少なくない。

（上）火山帯特有の奇観を巧みに利用して生まれた信仰の場
（下）礼拝堂の内部は近年、壁画をはじめ修復が進んでいる

◆ル・ピュイ=アン=ブレ紹介のウェブサイトは http://www.ot-lepuyenvelay.fr。英語の記述もある。『フランスのロマネスク教会』（文・櫻井義夫、写真・堀内広治、鹿島出版会）、『フランスの不思議な町』（巖谷國士著、筑摩書房）などの書籍に言及がある。

ナショナル・モニュメント

所在地◆エディンバラ市カールトン・ヒル
着工年◆１８２２年（未完成）
建築家◆チャールズ・ロバート・コッカレル、ウィリアム・ヘンリー・プレイフェア

【文】鈴木博之　【写真】松葉一清

イギリス

エディンバラはスコットランドの首都であるが、北方のアテネを自任する文化都市でもあった。アテネにアクロポリスの丘があるように、エディンバラにはカールトン・ヒルという丘がある。アクロポリスの丘には有名なパルテノン神殿があるように、エディンバラのカールトン・ヒルにもナショナル・モニュメントが建っている。

ナショナル・モニュメントは、北方のアテネにふさわしく、パルテノン神殿の正確な写しであるべきだった。１８１７年にはじめられた計画は、ナポレオン戦争で死んだスコットランド人兵士たちの追悼碑と、スコットランドの偉人たちを祀《まつ》る記念堂とを兼ねた殿堂というものであった。

こうした計画が起きる機運のひとつは、この当時ギリシャ建築様式の復活が叫ばれていたからだった。現にドイツでもレオ・フォン・クレンツェという建築家によって、少し遅れてレーゲンスブルク近郊にドイツの偉人を祀るバルハラという殿堂がパルテノン神殿のかたちを模して建てられる。

北方のアテネたるエディンバラにこそ、パルテノンの写しは建てられねばならない。じつにロマン主義的な情熱といえよう。

機運は盛り上がり、奉加帳が回された。最初に寄付を申し出たのはスコットランド最大のロマン主義小説家ウォルター・スコットだった。22年、最初の石が据えられた。翌年、正式にこの記念建築の設計者が発表された。当時の古典主義建築の第一人者チャールズ・ロバート・コッカレルが指名されたのである。けれども地元は猛反対。ぜひ地元建築家を採用しろと迫り、現地で采配を振るう建築家としてウィリアム・ヘンリー・プレイフェアが加えられた。

工事は順調に開始され、4年ほどはその勢いがつづいた。けれどもその頃から資金が苦しくなってきた。プレイフェアはコッカレルにこうこぼしている。

「大きな石材を運び上げるには、1ダースの馬と70人の人間がいるんだよ」

結局資金は尽き、29年工事は中断され、そのままに終わった。柱が12本立てられただけだった。何人かの建築家たちによって何度か再開の試みがなされたけれど、すべてうまくゆかなかった。「スコットランド人はけちだ」というヨーロッパでの定番のジョークの例に、これが取り上げられることも多かった。

プレイフェアは「陽《ひ》が昇ったとき、柱の間から青空が見えるのは素晴らしく綺麗《きれい》だよ」と負け惜しみをいったという。

（上）小高い丘の上、廃墟がそびえる
（下）ナポレオン戦争勝利の立役者ネルソン提督の記念塔がすぐそばに

新旧市街地、美しい調和

エディンバラは、中世の面影を残す旧市街と、18世紀から都市計画が始まった新市街との調和が美しい。１９９５年、世界遺産に指定された。

街の東部にあるナショナル・モニュメントは１８２２年、国王ジョージ4世のスコットランド歴訪を機に、起工された。設計者のコッカレル（１７８８〜１８６３）は、建築だけでなく、考古学者としてオリエントの発掘でも知られる。

プレイフェア（１７９０〜１８５７）は、エディンバラで多くの建築を手がけた。代表作に、スコットランド国立美術館やロイヤル・スコティッシュ・アカデミーなどがある。

◆ナショナル・モニュメントについては、エディンバラ市のウェブサイト（http://www.edinburgh.gov.uk）が詳しい。ユネスコの世界遺産のウェブサイト（http://whc.unesco.org）にはエディンバラ市についての紹介がある。

奇景奇観

シアトル中央図書館

所在地◆ワシントン州シアトル市4番街
完成年◆2004年
建築家◆レム・コールハース

【文】隈 研吾　【写真】二川幸夫

アメリカ

シアトルは坂の多い立体的な町である。そのど真ん中に、ゴツゴツした岩山のような形をした、巨大なガラスの箱が出現した。

この建物、不思議なことに内部にはいっても、室内にいる気がしない。立体的に複雑に交差するシアトルの都市空間を、そのままガラスの包装紙でくるんだような過激さゆえに、外にいるのか、中にいるのかわからなくなってしまうのだ。

印象はエアターミナルか駅。しかし、実はこのガラス箱、シアトルの公共図書館という、本来は知的でおかたいはずの役所の建築で、建築界の近年最大の話題作なのである。

道路、坂、広場などの都市機能をまるごとのみ込んでしまうような巨大建築は20世紀建築界の最大の発明であった。エアターミナルと駅は、その代表選手である。発明とはいっても、必要に応じて建築を大きくしているうちに、気づいたら都市を内包していたというのが実情であった。

しかし、シアトルの図書館は意図的に、都市の乱雑さやダイナミズムを内包していて、そこが21世紀的だと騒がれるのである。

背景にあるのは公共建築批判、そのまた背景には、20世紀型の「大きな政府」に対する批判がある。

従来、公共建築はハコモノと呼ばれる、閉じた箱であった。閉じて暗くてはいりにくいだけではなく、設計のプロセスも、施工業者選定のプロセスもすべてが不透明だらけで、いっそのこと、公共建築のような税金の無駄遣いは一切やめろ！というのが20世紀末の世界の世論の流れだった。

そういう風潮を受けて、都市に開かれ、都市と一体化した「反ハコモノ」ムーブメントのチャンピオンが、この図書館を設計した、建築家レム・コールハースである。

彼は、単にハコモノの厚い壁を、透明なガラスにかえただけではない。図書館という機能を徹底的に分解し、広場やストリートのような流動空間の中に本棚や閲覧スペースをばらまき、その自由な都市空間をまるごとガラスでパッケージしたのである。

考えてみればこれほど贅沢《ぜいたく》な空間はない。本がいくらでも読めて、都市空間の自由を満喫でき、さらに雨も降らず、空調は完璧《かんぺき》。

開かれた公共建築こそ究極の都市空間だという人もいる。人類はついに建築という不自由な箱の解体に成功したと絶賛する人までいる。しかし一方、「高価なガラス張りでエレベーターが多くて、普通の図書館以上の税金の無駄遣いだ」と文句をいうシアトルっ子も、中にはいる。

（上）ガラス壁の幾何学的な外観が印象的だ
（下）外光がふりそそぐ開放感あふれる館内

11階建て、１４０万冊収納が可能

オランダ出身のレム・コールハース（１９４４年生まれ）は75年、設計事務所ＯＭＡを設立、北フランスに位置するユーラリールの国際ビジネスセンター計画をはじめ、国際舞台で活躍している。日本にも福岡のネクサスワールドの集合住宅がある。著書『錯乱のニューヨーク』が訳出されている。

新しいシアトル中央図書館は、１９６０年に建設された旧館の建て替え。11階建てで、約１４０万冊を収納可能。6階から9階までの書架に、一続きになったスロープでアプローチできるのが特徴だ。書籍だけでなく、多様なメディアも豊富に集めている。

◆シアトルの公共図書館のウェブサイト（http://www.spl.org）に中央図書館の紹介がある。建物については「GA DOCUMENT 80」（エーディーエー・エディタ・トーキョー）が詳しい。

奇景奇観

名護市庁舎

所在地◆沖縄県名護市港1丁目
完成年◆１９８１年
建築家◆象設計集団、アトリエ・モビル

【文・写真】松葉一清

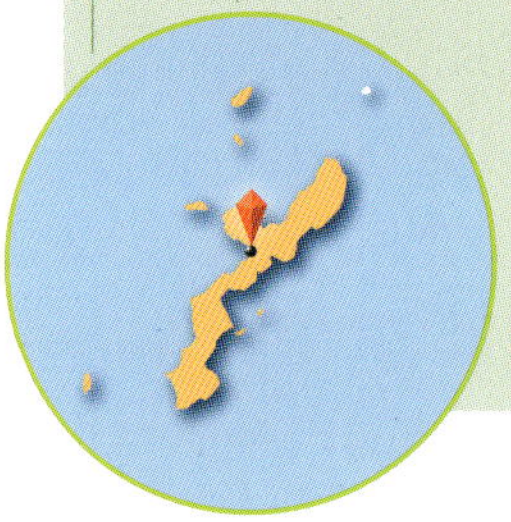

コバルトブルーの名護湾から、さわやかな南風。抜けるような青空のもと、シーサーたちが海の方角に向かって胸を張る。その数、50あまり。誇らしげな姿に１９８０年代初め、この建築に託された気概を思い出した。

沖縄本島北部の「名護市庁舎」。疲弊したモダニズムを超克し、新たな概念のもとに、建築を人間性豊かなものにどのように再構築するか。南国の風土を手がかりとする意欲的な挑戦が金字塔につながった。

シーサーをあとに、回廊を抜けて陸地側に回る。年を追って濃くなった緑が、足元からしっかりと特異ないでたちの庁舎を支えている。赤瓦に白漆喰《しろしつくい》の沖縄の住宅に見立てた、傾斜の屋根形が3階建ての軀体《くたい》に連なり重なり合う。みんなの施設である市庁舎は、民家がつくる集落の、そのまた集まりであるべきだとする設計者の信念の反映だ。

全容を3階から眺めようと屋外の階段をのぼった。小うるさい管理はなく、来訪者は外気を感じながら屋外階段を昇降できる。もとより敷地を自由に通り抜けられる配置自体が、開かれた庁舎の実践となっている。

久しぶりにそこに立つと建築は年輪を重ねて、重厚さを漂わせていた。

コンクリートとピンクのブロックを組み合わせた傾斜屋根に、ブーゲンビリアの緑がかぶさる。花の盛りは過ぎていたが、ところどころ鮮やかな色彩の花弁がみとめられた。ブロックのピンクは少し黒ずみ、やはりくすんだコンクリートと色の落差がなくなった。それもあって、建物は緑の風景のなかに沈み込み、地に足がついた。現代建築特有の違和感はよい意味で風化し、四半世紀の歳月を経て風土に同化した。

その光景を前に、70年代後半から80年代初頭にかけての時代の気分がよみがえってきた。モダニズムの機能・合理主義は行き詰まり、現代建築は非難にさらされた。人間抑圧の不毛な建築と都市の批判的再構築を訴えるポスト・モダンの潮流が世界規模で起きた。

土地の固有性への着目は大きな流れの一翼を担い、名護市庁舎は時代の申し子となった。地場のコンクリートブロックによって現代感覚で集落を表現し、当初は冷房なしも実現、エコロジーの発想を先取りした。画期的なありかたは、ポスト・モダンに警戒的だったわが国の建築界に大きな衝撃を与えた。

その気迫が今も息づいている。だからシーサーたちがさっそうと見えるのだ。

米軍が持ち込んだ建築の開花

コンペで設計者に選ばれた象設計集団は、早大教授だった建築家吉阪隆正氏の建築観に共鳴して集まった富田玲子、樋口裕康氏らが１９７１年に結成。北海道の十勝などを拠点に、地域に根ざす活動を続けている。

コンクリートブロックの建築は米軍が沖縄に持ち込んだのが民間に広がり、名護市庁舎が表現として開花させた。建設当初、外気を取り込む「冷房なし」が話題となり、沖縄各地で同発想の自然換気の住宅が出現した。市によると「来訪の市民から要望が出た」こともあり、今では庁舎内は冷房されている。

（上）シーサーの群れが外壁を飾る
（下）地場産のブロックの屋根が影をつくる

◆象設計集団のこれまでの歩みや作品、多様な活動を集めたウェブサイト（http://www.zoz.co.jp）がある。また、彼らの建築を巡る思考にそった構成の作品集『空間に恋して』（象設計集団編著、工作舎）も刊行されている。

カンピドリオ広場

所在地◆ローマ市カンピドリオ広場
完成年◆17世紀
建築家◆ミケランジェロ・ブオナローティ

【文・写真】山盛英司

古代ローマの遺跡フォロ・ロマーノに接した小高い丘が、カンピドリオだ。ローマ市街を背に階段を上がると、広場が開ける。

観光客に交じり、幸せそうなウエディング衣装のカップルの姿が目に付く。記念撮影の名所というだけでなく、婚姻届を出す市の窓口があるからだろう。実は、恋人たちが愛を語りあうこの場所こそ、「世界の中心」なのである。

かつて大帝国を築いた古代ローマの皇帝たちは、ジュピター神殿のあったこの丘に勝利の凱旋《がいせん》をした。「すべての道はローマに通じる」といわれるが、道はカンピドリオに続いていたといえる。そして丘は「カプト・ムンディ（世界の頂）」「ウンビリクス・ムンディ（世界のへそ）」とみなされてきたのだ。

もっともローマ帝国の衰亡後は、長らく荒廃していた。よみがえらせたのはルネサンスの天才ミケランジェロ。時の教皇パウルス3世の命令で、栄光の土地の再生にとりかかった。すでに立っていた2棟の館を改装し、新たに1棟を追加。巨大な柱を連続させ、垂直と水平の線が強調されたデザインで統一。神々の彫像を配した。

そんな天才芸術家が残した謎が、3棟の館に囲まれた広場だ。中央に古代ローマの皇帝マルクス・アウレリウスの騎馬像を据え、その足元から、幾何学的な星形の模様が楕円《だえん》状に広がる舗装を考えたのだ。

この模様は何を意味するのか。「地球の頂点」を象徴しているという説。いや、星形が黄道12宮を類推させることから「宇宙の中心」を意味するという説。いまだ謎のままだ。ただ、「中心」を誇示していることは間違いなさそうだ。

広場が完成したのは、建築家の死後だった。星形の模様はあまりに奇妙だったせいか採用されず、完成してから約３００年後の１９４０年にようやく実現した。時はあたかも、古代ローマの栄光を利用しようとしたムソリーニのファシズム時代だった。

実は、ミケランジェロはローマで、もう一つ「世界の中心」を手がけている。バチカンのサン・ピエトロ大聖堂だ。カトリックにおける聖なる世界の中心の再生にも力を注いだ。

いわば、カンピドリオは俗なる世界の中心。その影響は現代の日本にも及んでいる。１９８３年、磯崎新さんが設計した「つくばセンタービル」に、そっくりな広場が現れた。見ると中心がくぼみ、線と面の色が逆。「反転したカンピドリオ」だ。「世界の中心」を示すことの難しさと、危うさを暗示しているようだ。

市庁舎と美術館2棟が囲む

フィレンツェを拠点にしていたミケランジェロ（1475～1564）はたびたびローマで仕事をしたが、60歳になる直前にローマに移住。以後、30年間同地で活動。システィーナ礼拝堂の天井画やファルネーゼ宮の設計などを手がけた。

現在、カンピドリオ広場の建物は正面が市庁舎で、左右2棟がカピトリーニ美術館となっている。広場の中央に立つマルクス・アウレリウス帝の騎馬像は複製で、古代ローマ時代に作られたとされる本物はカピトリーニ美術館に展示されている。サン・ピエトロ大聖堂はミケランジェロの案をもとに、後の建築家が完成させた。

（上）波紋のような星形は何を意味するのか
（下）広場中央のマルクス・アウレリウス帝の騎馬像

◆広場の計画については『ミケランジェロの建築』（ジェームズ・S・アッカーマン著、中森義宗訳、彰国社）が詳しい。また『建築巡礼5 ミケランジェロのローマ』（長尾重武著、丸善）にも紹介がある。

カール・マルクス・ホフ

所在地◆ウィーン市19区
完成年◆1930年
建築家◆カール・エーン

【文・写真】松葉一清

オーストリア

ウィーンの都心から地下鉄で30分ほど、ハイリゲンシュタットはベートーベンゆかりの郊外の街。国鉄と一体になった駅を出ると、信じられないほど長大な集合住宅が待ち受けている。

線路に沿って伸びる赤茶色の壁の長さは1キロを超え、それで1棟なのだから驚かされる。総戸数約1400を数える世界でも指折りの巨大なアパートメントハウスは、その名も「カール・マルクス・ホフ」(ホフはドイツ語で邸宅)だ。

赤いウィーン。そう呼ばれた時期が音楽の都にあった。第1次大戦敗戦による帝国の崩壊から、労働者蜂起が失敗に終わった1934年までの15年間。首都に流入してきた労働者層のために数々の都市政策が施された。マルクスの名を冠して登場した集合住宅は、労働者が主役だった時代の息づかいを今日に伝える20世紀の遺産だ。

いくつもの都市街区にまたがる、いわゆるスーパーブロックの開発手法がとられた。道路をまたぐ部分にはアーチ型の小さなトンネルを配して、集合住宅は1棟であることを保ちながら延々と続く。住戸の広さは50平方メートルそこそこ。広くはないし、設備も限られていた。それでも住棟内に共同の洗濯室と浴場もあれば、幼稚園や図書館、レストランなど生活を支える施設をそろえ「大衆のユートピア」を実現した。

一巡するだけでも1時間を要する構内を歩くと時代を超越した存在感に感動する。カラフルで一見、80年代のポスト・モダンの表現を思わせる細長い配置の住棟は、内側に中庭を抱える。外界から遮断された安心感と手入れの行き届いた豊かな緑が相まった、安寧の暮らし。きちんと生活することの大切さを空間が語りかけてくる。

同じ感覚はかつてわが国にも存在した。関東大震災後の東京に出現した同潤会の集合住宅のいくつかには共同の食堂や浴場が整備され、都市的な暮らしを公的住宅が先導する気概が感じられた。赤いウィーンの時代に建設された同種の集合住宅は6万5000戸にのぼるが、それらを訪ねるたびに、今は失われた同潤会のたたずまいがよみがえり、複雑な思いにとらわれる。

昭和の先人が社会政策的なヨーロッパの住宅を学習し、タイムラグなしに東京に実現した熱意への畏敬《いけい》。一方でそれを継承できず、今では公共事業も大きな政府も指弾の対象となった軌跡がもたらす、賽《さい》の河原の石積みに似た徒労感。

洋の東西を超え、20世紀への評価を赤い巨艦は迫ってくる。

（上）長大な住棟の中央部分。アーチに彫刻が配されている
（下）中庭は深い緑に包まれている

市街戦も経た現役住宅

「カール・マルクス・ホフ」は都市の壁的な形態もあり、誕生当初から要塞《ようさい》にたとえられた。赤いウィーンが崩壊した1934年に起きた2月蜂起では市街戦の場になり、中庭への通路を閉め切って、労働者たちが立てこもり、実際にとりでとなった。それもここを20世紀の神話の地とした。

設計者のカール・エーンは、ウィーンの新建築運動の立役者オットー・ワグナーの弟子にあたる。外壁を彩る表現主義的な人物彫刻も、当時をしのばせる。80年代の終わりに改修され、現役の住宅として生きのびた。

◆「ウィーン建築センター」のウェブサイト（http://www.azw.at）に、配置図などが収録されている。「赤いウィーン」（http://www.rotes-wien.at）は一見に値する。

奇景奇観

マレ＝ベルニエ村の芝棟

所在地◆オート＝ノルマンディー地方
ウール県マレ＝ベルニエ村
完成年◆不詳
建築家◆不詳

【文】藤森照信
【写真】アントワーヌ・プーペル

やっと撮れた。

　1997年の9月は季節はずれ、2000年の4月は早過ぎ、これが最後、3度目の正直と思って出かけた03年の6月は遅過ぎて、もう来るもんかと腹を立てながら農道を歩いていると、向こうから買い物カゴを下げた日本の若い女の人がやってくるではないか。こんなフランスの片田舎にどうして日本人が、とお互いに思いながらそれぞれ事情を説明し、プレゾン君子さんの電話番号を聞いて別れた。

　そしてこの連載に合わせ、朝日新聞の方から君子さんに電話して開花時期を確かめ、05年5月3日、ついにフランスの写真家が撮ってくれたのである。

　屋根のてっぺんがたいへん不思議なことになっている。茅《かや》葺《ぶ》きの棟の上にアイリス（アヤメ科）が並んで咲いているのだ。世にも珍しいアヤメのすし詰め状態。アイリスの根元の土盛りは、多肉植物のセダムが固めていて、夏になると小さな花をつけるという。

　この村の名はマレ＝ベルニエ。セーヌ川が海に出るあたりに位置し、村長のクロード・ブロンデルさんに聞くと、ただ今現在、家は246軒、人口は461人。アイリスが屋根で咲くのは40軒ほど。

　今の日本はエコロジーの影響で、屋上庭園をはじめ建築緑化の動きが盛んだが、私には不満があって、視覚上、建物と緑が別々になっていて美的な統一に欠ける。ところがこのフランスの田舎家は、茅葺き屋根とアイリスがお互いを引き立てあって一つの美をかもしているではないか。そのうえ面白い。

　こうした不思議な作りは、エコビレッジとして保護されているこの村だけでなく、イギリス海峡に面するノルマンディー地方に広く分布することが知られているが、しかし、いつ始まったものか（地元で数百年前と伝えるが）、なんでこんなことをするのか、さっぱり分からない。名前すらない。名前もないのは、誰も本格的に調べたことがないからではあるまいか。フランス人でも存在すら知らない人がほとんどだろう。たとえ知っていても、そっくり同じ作りが日本の民家にもあることを知る人は皆無にちがいない。

　日本では「芝棟《しばむね》」という名がちゃんと付いているし、植物学者と建築学者の研究もあるが、由来についてはフランス同様はっきりはしない。

　ユーラシア大陸の西と東のはずれという分布は、植物でも動物でももちろん文化現象でも珍しい。どうしてだろう、考えてみてください。

かつて日本各地にも

ノルマンディー地方の芝棟は、小麦やライ麦、茅などの植物で屋根を葺き、その上にアヤメ科のジャーマンアイリスを植えることが多い。開花時期は5月初めの1週間ほど。マレ=ベルニエ村では、葺き替えは約40年に1度で、県の補助制度もあるという。

日本では、同じくアヤメ科のイチハツをはじめ、ヤマユリやカンゾウ、ニラが植えられる。かつては全国的にみられたが、近代化や過疎化による茅葺き屋根の衰退とともに減少していった。江戸時代の儒学者、貝原益軒の著書にイチハツを植えた芝棟の記録があるほか、浮世絵にも描かれている。

（上）屋根で咲く紫色のアイリスが美しいマレ=ベルニエ村の民家
（下）自然と人間の合作が開花する

◆マレ=ベルニエ村周辺の自然公園のウェブサイト（http://www.pnr-seine-normande.com）がある。
日本の芝棟については植物学者の亘理俊次著『芝棟　屋根の花園を訪ねて』（八坂書房）が詳しい。

奇景奇観

ラ・ビレット公園

所在地◆パリ市19区
完成年◆１９９１年（主要施設）
建築家◆ベルナール・チュミ

【文・写真】松葉一清

フランス

運河が横切る広大な緑地。配された数々のこども向けも含む施設群。陽気のよい日にはおとなも数多く加わって、用意された多彩なイベントを楽しんだり、芝生の一角に自分だけになれる場所を見つけて日がな座り続けたり。

「ラ・ビレット公園」は世界に類を見ない施設だ。ひとつには前衛的な建築家であるベルナール・チュミの作品でありながら、とんがった表現ゆえの冷たさは希薄で、心休まる空間を実現していること。もうひとつはこれだけの敷地が、商業主義とは一線を画した公共の意識のもとに運営されているところだ。20世紀後半の公共施設が陥った来訪者におもねる俗っぽさが回避されている。それが前衛性と長い時間を過ごせるたぐいまれな快適さを両立させえたのである。

そうはいっても、チュミによる計画は大胆だ。元は畜肉市場を中心とする敷地を緑化し、真っ赤なフォリー（あずまや）を規則的に配した。個々のフォリーのデザインは、20世紀初めのロシア構成主義の前衛建築家の造形をモンタージュしたりした。緑のステージに補色にあたる赤を配する色彩選択も手伝い、平板な立地に、意味を持たせるのに成功している。

推進者は、ミッテラン元大統領だった。一帯の開発計画はすでに立案されていたが、１９８１年に大統領に就任すると、パリを文化施設整備で現代文化の中心に再興するグラン・プロジェを立案、公園の新設は主力の一項目となった。国際コンペが実施され、４６０もの応募から選ばれたのがチュミ案だ。

グラン・プロジェはルーブルのピラミッドをはじめとする十数件から成るが、都市的な広がりと設計者の野心において、ラ・ビレット公園は群を抜く。米国は20世紀の建築を、超高層という極点化と密集のシンボルに集約させた。それへの実作による批判である。

広大な敷地に機能を分散し、ちりばめられた施設群が呼応し合う相互の関係性を重視するチュミの手法は、多様な価値観が平準化され同居する21世紀の姿を先取りしていた。それはインターネット時代の社会のありかたにも通じる。

この公園に、ミッテランを支持した移民をはじめとする多様な人種のひとびとが集い、無料公開のイベントを楽しむ姿を見て、もう10年近くになる。昨今の暴動は、移民を積極的に受け入れたミッテランの政策の是非を問う。計画から四半世紀、当時の思考を投影した施設も、今や歴史の証人だ。

55ヘクタールに科学館や音楽学校が集積

　ラ・ビレット公園が位置するのは、パリ市街地の北東の端。外周の高速道路に接し、運河が横切り、鉄道の線路も近くを走る。55ヘクタールに及ぶ敷地には、19世紀半ばに完成した市場時代の鉄とガラスの大建築を中心に、ベルナール・チュミ以外の建築家らが設計した家族連れのための科学館、音楽学校や音楽センターなどが、公園と重なり合うように集積し、巨大な文化ゾーンが形成された。

　チュミは１９４４年スイス生まれ。米仏に事務所を構え、米コロンビア大学で教壇に立つなど、多彩な活動を展開してきた。

(上)赤いフォリーの向こうに科学館を望む
(下)波形の屋根の誘導路も大胆だ

◆ラ・ビレットの総合案内のウェブサイト（http://www.villette.com/us/mainprog.htm）に、公園をはじめとする概要が紹介されている。
チュミの事務所のウェブサイト（http://www.tschumi.com）は、彼の作品を網羅する。

奇景奇観

アンドレ＝シトロエン公園

所在地◆パリ市15区
完成年◆2000年
建築家◆パトリック・ベルジェ、ジャン＝ポール・ビギエ ほか

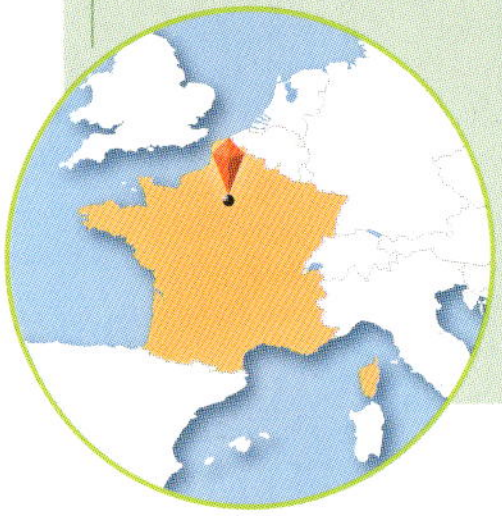

フランス

【文・写真】松葉一清

セーヌ川左岸にミラーガラスのオフィス街区を見たのは20年近く前。パリの中心市街地からエッフェル塔を越えて南西部まで足をのばした時だった。茫漠《ぼうばく》とした工場跡地のアメリカ風の新開発。正直、パリにこんなものをと抵抗感を覚えた。だが、早とちりだった。今や空地は緑のカーペットに姿を変え、他の世界の大都市では見かけない風景が出現した。「アンドレ＝シトロエン公園」。フランス自動車産業の大立者の名を冠したこの施設の最大の特色は、敷地の緑に配された温室群だ。その数は合計八つ。東側に位置する住宅地との境界に置かれた巨大な2棟は、間口が15メートル、奥行きにあたる長辺が45メートル、高さは15メートルに達する。そのガラスの直方体にゆるやかな傾斜屋根のかかる姿は、さながら緑のパルテノンの様相を呈している。

平日の昼下がり、初夏の陽光を求めて、親子連れが三々五々、やって来る。オープンカーのアイスクリーム屋が、車にそのままテントをかけてソフトクリームを売っている以外は、常設のカフェもなければ売店もない。ひとびとは芝生に腰を下ろして、日光浴を楽しみ、家族や近所のひとたちと語り合う。

午後の強い光を浴びる彼らの視線の先には、セーヌ川が確保する空間の広がりがある。巨大な神殿風の温室と北側にならぶ六つの小温室が背後と側面に位置し、日常の幸福の風景を見守る。温室群は陸地側の都市のざわめきを断ち、緑の大地を別世界のユートピアとする役割も担う。

そのいでたちは、ヨーロッパにおける公共の空間の力を再認識させる。一帯は、これも「花の都」らしからぬ人工地盤上の高層住居街区まである中流層中心の住宅地。そんな「パリのアメリカ」の修正も、住人を対象とする大スケールの公園に託されている。

ここには欧米の公共施設の共通の大きな悩みである破壊行為（バンダリズム）の害も認められない。温室のガラスも保持されているし、目立つ落書きも公園内では見かけなかった。温室以外にもフランス風に刈り込まれた幾何学的な植え込みや、段差をつけたプロムナードなどが設営されている。そのいずれもが好もしい存在感を示す。住民に支持されてのことと受け止めた。

公共空間を金食い虫として指弾し、物販のために商品化するわが国の風潮とは正反対の、成熟した都市の選択をそこにみる。

周辺住宅地含め30ヘクタールを再開発

１９７０年代に始まる一帯の再開発が具体化するまでには、80年代にパリ市が万博会場に想定するなどの動きもあった。公園は13ヘクタールに達し、並行して計画された周辺の２５００戸を数える住宅地まで含む開発総面積は30ヘクタールを超える。

建設までに時間を要したこともあり、多くの建築家、造園家が参加した。それもあって広大なオープンスペースを囲んで、温室群と樹木が深い陰影をつくる構成が実現した。

公園に接した住区には、芸術家専用のアトリエ付き住宅も用意し、多様な街のありかたを模索している。

（上）神殿を思わせる温室がそびえる
（下）緑の芝生に温室が重なる

◆市内の公園を網羅したパリ市役所の公式ウェブサイト（http://www.jardins.paris.fr）内のメニュー「Principaux Parcs（主な公園）」に紹介がある。また、建築家ビギエの事務所のウェブサイト（http://www.viguier.com）も写真などを収める。

奇景奇観

タ・プローム

所在地◆シエムレアプ市郊外
完成年◆12世紀末
創建者◆ジャヤバルマン7世

【文・写真】鈴木博之

アンコール・ワットの遺跡にあこがれる日本人は多い。江戸初期にここを訪れた日本人たちは、これこそインドの祇園精舎だと思い込んで帰った。

しかしながら12世紀前半に建立されたアンコール・ワット寺院は当初はヒンドゥー教寺院として建設され、後に仏教寺院化されたものである。また、この地域に広がる遺跡はこれだけではない。

アンコール遺跡群と呼ばれる多くの寺院や宮殿などの遺跡は、４００平方キロ以上の広さの地域に広がっている。１９７０年代のポル・ポト派による混乱もようやく安定し、２００４年にはユネスコ（国連教育科学文化機関）の「危機に瀕《ひん》する世界遺産」リストから、アンコール遺跡群は外された。

カンボジア政府は観光客誘致に熱心だし、多くの遺跡も世界各国のチームによって修復作業が急ピッチで進められている。観光客はアンコール・ワット、バイヨン、象のテラス、バンテアイ・スレイ、そしてタ・プロームなどの遺跡を巡る。

タ・プロームの遺跡の場合は、12世紀末に仏教寺院として建てられ、後にヒンドゥー教寺院に改修されたと考えられている。ここが多くの人々を引きつけるのは、巨大な樹木が遺跡を押しつぶさんばかりに育ち、そこに崩れ落ちたままの遺跡のすがたを見ることができるからである。

熱帯の樹木は生育が速い。三重の回廊に囲われたタ・プロームの寺院は、樹木に巻き付かれ、からめ捕られ、抱きすくめられているようである。熱帯の樹木は遺跡を食いつぶすかのように伸びてゆく。

しかし、ここで議論がある。巨樹は遺跡を壊しつつあるのか、それとも今や遺跡を支えているのか。こんな議論が起きるのも、現在この遺跡にも修復の波が押し寄せているからである。インド政府チームが数年前にタ・プロームの修復計画を発表したのである。

一般に遺跡の修復は、崩れた石材を積み直し、失われた部材を補充して往時のすがたを取り戻すために、作業を進める。しかし、タ・プロームの遺跡から巨樹を切り払い、崩れた石材をもとに戻したら、廃墟の魅力は無くなってしまうのではないか。とはいえ、このまま放っておいたら、遺跡はまったく崩れ落ちてしまうかもしれない。

いまも、この遺跡の修復方針を巡って、ユネスコを中心にした議論が継続中である。インド・チームは工事をはじめた。タ・プロームを訪れるならここ数年が勝負かもしれない。

（上）巨木が遺跡にくいこんでいく
（下）政治的激動を経て生き残った遺跡

アンコール朝の隆盛を象徴

アンコール遺跡群は、9世紀初頭に始まるクメール人の王国、アンコール朝が残した。歴代の王が造った都城や寺院、王宮からなる。

タ・プロームを創建したのはジャヤバルマン7世。12世紀末から13世紀初頭にかけて、インドシナ半島の大半を版図におさめ、王朝の隆盛を極めた。アンコール・トム都城、バイヨン寺院なども建造した。

アンコール遺跡は19世紀半ばになって西欧に〝発見〟され、カンボジアの宗主国となったフランスを中心に調査・研究が進められた。相次ぐ戦乱を経て、１９９２年に世界遺産に登録され、保存・修復活動が本格化した。

◆『アンコール・王たちの物語』（石澤良昭著、NHK出版）は遺跡、碑文から歴史を読み解く。石澤氏ら上智大学アンコール遺跡国際調査団のウェブサイト（http://angkorvat.jp）は多角的な現地報告を収録。講談社DVDブック『NHK探検ロマン世界遺産　アンコール遺跡群』もある。

奇景奇観

笠森観音

所在地◆千葉県長生郡長南町笠森
完成年◆16世紀後半
建築家◆不詳

【文】鈴木博之　【写真】松葉一清

日本

大学院で建築史を勉強しはじめたとき、最初に研究室の先輩が建築見学に連れていってくれたのが笠森観音だった。千葉県の茂原市から房総半島の真ん中ともいうべき方向に向かっていくとこの観音霊場に着く。正式には大悲山笠森寺。坂東三十三所の観音霊場の第三十一番札所である。

何も知らずにハイキング気分で出かけていって、びっくりした。高い建物が異様な柱の骨組みによって持ち上げられているのである。階段を上ってお堂に着くと、そこからの眺めは素晴らしかった。展望台みたいなお堂なのだ。

京都の清水寺に見られるような、張り出した舞台のことを「懸造り《かけづくり》」というのだが、この笠森寺の観音堂は四方すべてが「懸造り」になっている。つまり岩山の上に乗って、四方に脚を下ろしたような姿で建てられているのだ。

観音霊場は特異な地形の場所が多いので、訪れると圧倒されることが多い。昔の人もまず場所の力に圧倒されてそこに霊験あらたかな何かを感じたのだろう。それは自然のなせる業なのだから、静かにその前にたたずめば信仰は成就するのではないだろうか。

笠森観音の場合にも、そうした奇観をなす岩山の存在がまずあった。けれどもそこに堂を建て、その堂に参詣《さんけい》するためのスペースを確保しようとする意志が働きはじめて、ついには建物が岩山の奇観を覆い尽くすまでになってしまう。これぞ笠森観音の奇観だ。

観音霊場にはそうした自然の力と人の意志がせめぎ合っている例が多い。自然の力、場所の力が信仰の力によって建築化され、さらに多くの人々を引き寄せる。それはひどく現世的な営みである。

笠森観音の伝承では、この堂が荒れていたときに近くの娘・於茂利《おもり》が観音に笠を差し掛けて雨を防いだという。「オモリのカサ」というわけで「カサモリ＝笠森」となったのだろうか。こんなだじゃれのような伝承にも、人間臭さが感じられておもしろい。笠森観音は現世的な信仰の活力によって、自然の奇観をむりやり建築がねじ伏せた成果だ。

「懸造り」という日本の建築にはめずらしいダイナミックな工法は、自然と対峙《たいじ》するために人々が生み出した創意だろう。観音霊場の建築に「懸造り」が多いのは、そこに、自然に感応する観音信仰が生み出す建築の力が潜んでいるからだろう。

笠森観音は場所に対峙する建築の力を教えてくれた。ここに連れていってくれた先輩には、いまも感謝している。

巨岩の頂部に柱で支えられる

笠森寺は天台宗の寺院。縁起によると開基は７８４年、最澄が十一面観世音菩《ぼ》薩《さつ》を刻んで安置したという。

国の重要文化財でもある観音堂は１０２８年、後一条天皇の勅願で建立されたと伝わる。１９６０年に修理した際、部材などに「天正」「文禄」などの墨書が発見されたことから、現在の建物は16世紀後半に建てられたと見られる。棟の高さは34メートルにも達する。本尊の観世音菩薩を安置した厨《ず》子《し》が巨岩の頂部に位置するように建ち、数十本の柱で支えられている。

南房総の山々を望む景勝地で、周囲は千葉県の自然公園に指定されている。

（上）奇観の地形を生かした「懸造り」は迫力たっぷり
（下）観音堂上から周囲の豊かな自然を見下ろす

◆笠森寺の公式ウェブサイト（http://www.net-tendai.jp/s/kasamoriji.html）に写真、解説がある。『ふさの国の文化財総覧』（千葉県教育庁教育振興部文化財課編集・発行）第1巻でも紹介。

奇塔奇門

キューガーデンのパゴダ

所在地◆ロンドン近郊リッチモンド地区
完成年◆１７６２年
建築家◆ウィリアム・チェンバース

【文】鈴木博之　【写真】松葉一清

ガーデニング愛好家の聖地、ロンドン近郊の王立植物園キューガーデンは、建築愛好家にとっても見逃せない場所だ。ヤシの木を育てるための大温室、マリアンヌ・ノースの絵画を展示した建物、日本との交流を示す建物などがある。

なかでも注目されるのが、中国風の仏塔、パゴダである。正門から一番遠い敷地の南端に建つこのパゴダは、園路の行き着く先に据えられているので、思わずそこまで行ってみたくなるような姿で建っている。

このパゴダを設計したのは18世紀イギリスを代表する建築家のひとりサー・ウィリアム・チェンバース。彼は当時としてはめずらしい国際人だった。

スコットランド商人の息子としてスウェーデンに生まれた彼は、イギリスで初等教育を受けてスウェーデン東インド会社に勤め、インドや中国に渡ったが、建築をこころざしてパリでジャック＝フランソワ・ブロンデルの建築学校に学び、イタリアでも修業して、最終的にイギリスに戻ってきて実務をはじめた。

その教養は世に知られるようになり、やがては当時の皇太子（後の国王ジョージ3世）に建築を教授するまでになった。後々まで王室の建築を数多く手がけ、サーの称号ももらうことになるが、そのきっかけは皇太子とのこの関係にある。

彼はフランス仕込みのバリバリの正統的古典主義建築家なのだが、若い頃の経歴もあって、ヨーロッパにおける中国建築通としても知られていた。この頃フランスを中心にシノワズリと呼ばれる中国風意匠が流行していたので、チェンバースはその時流にも目を向けて、１７５７年には『中国建築のデザイン』という書物も出版している。

そんなこともあって、彼はキューガーデンに中国風のパゴダを建てることになった。植物園は世界中のエキゾチックな植物を集める場所だから、建物も珍奇なものが好まれたのである。

けれどもこのパゴダは十重の塔という不思議な階数で、最上階以外、屋根には反りがなく、軒には組み物もなく、ひたすら高くそびえるだけである。高さは50メートル近く、２５３段の階段がある。完成したのは１７６２年のことだった。チェンバースはこれ以外には正統的古典主義建築ばかりを建てつづけて、正統的建築家として名を残した。

このパゴダは２００６年に短期間、史上初めて一般公開された。しかしもともと、パゴダや五重塔は人が登ることを想定した建物ではないから、中には何もないはずだ。

80個の竜の飾り、国王が売却？

キューガーデンはロンドンの西郊、テムズ川沿いに広がる庭園。現在は科学的植物研究で知られるが、英王室との関係は18世紀前半に始まる。皇太子フレデリック夫妻が園芸愛好家で、施設を整えた。自然な景観を特徴とする英国式庭園で、観光客にも人気は高い。２００３年、世界遺産に登録された。

パゴダは八角形10層の建物。当時のヨーロッパでは最も正確に中国建築を復元したといわれた。屋根の端に合計80の竜が配されていたが、後に失われた。一説によるとジョージ4世が負債返済のために売却したという。

（上）広大な庭園にアジア的な造形がそびえる
（下）足元の赤い柱と緑の対比

◆『図説英国庭園物語』（小林章夫著、河出書房新社）、『英国式庭園』（中尾真理著、講談社）などにキューガーデンの紹介がある。公式ウェブサイト（http://www.kew.org）に歴史や現状が収められている。

プラターの大観覧車

所在地◆ウィーン市2区プラター
完成年◆1897年
建設者◆ウォルター・B・バセット

【文・写真】松葉一清

オーストリア

まだ冷戦が厳然と存在していたころ、ウィーン郊外の道路で「ブダペストまで250キロ」としるされた標識を見て「東と地続きなのだ」と緊張感を覚えた。永世中立国オーストリア。芸術の首都の第2次世界大戦後のもうひとつの顔は、東西均衡のつなぎ目に位置する立地ゆえの、ある種の陰りを伴っていた。

中心街区を少し離れたプラター(遊園地)まで足をのばし、緑地にそびえる「大観覧車」を見上げると、戦後史への思いがいっそう高まる。オーソン・ウェルズ主演の映画「第三の男」の印象的な場面がまぶたに浮かぶからだ。

英仏米とソ連軍による分割統治の混乱期、米国からやってきたジョセフ・コットン演じる三文作家のホリーは、事故死したはずの闇社会の黒幕ハリー(ウェルズ)を捜しあて観覧車で対面する。旧知の2人はキャビンに乗り込み、ホリーがハリーの行状を問いただす。

アントン・カラス演奏のチターを背に、カメラはウィーンの街を時には見下ろし、時には遠望してみせる。下界を離れた空中の対決は、密室状態の緊張感と、地に足のつかない危うさによって、観客に手に汗にぎらせた。こうしてウィーン・プラターの大観覧車は、「世界一有名な」と冠される存在になった。

欧米の大都市は19世紀の後半の博覧会の時代、鉄骨構造の技術的な進歩を追い風に、競い合うように観覧車を建設した。工業社会の到来で都市に流入してきた新たな市民層は、時代にふさわしい遊戯の装置を要求した。

ウィーン・プラターは18世紀後半、皇帝がお狩り場を開放して、都市公園となった。そこに英国の技師ウォルター・B・バセットの提案で大観覧車が建設されたのは1897年。第2次大戦で焼け落ちたが、戦後いちはやく運転を再開した。

案内などには、常に「シュテファン大聖堂、オペラ座、ブルク劇場とともに復興」と記している。歴史あるウィーンのシンボルとしての自負の表れだ。

ところで20年前のプラターには、ちょっといかがわしげな大人のための見せ物小屋があった。10年ほど前には、ソ連の宇宙船を屋外に置き、内部を見せていた。いずれも、戦後日本で失われた「お子さま向けではない遊園地」のありようが、旅人の目にはかえって新鮮だった。現在、観覧車は会議や結婚披露宴などのパーティーの時間貸しに熱心で、これも大人向け。そんなに長い時間、回っていたいとは思わないが。

皇帝の在位50年記念で建設

観覧車の建設は、皇帝フランツ・ヨーゼフ1世の在位50年記念。頂部の高さは約65メートル、キャビンは戦前は30を数えたが、戦後の復旧後は15に半減した。ウォルター・B・バセットは、もともとは海軍の軍人。技術者として活躍し、ロンドン、パリ、英ブラックプールでも大観覧車を実現した。

映画「第三の男」（1949年）はグレアム・グリーンの原作、脚色。観覧車内でオーソン・ウェルズが語る「ボルジアの圧政はルネサンスを生んだが、スイスの民主主義と平和はハト時計しか生まなかった」という皮肉たっぷりのせりふも有名だ。

（上）貨車のような姿が目をひく
（下）歴史の公園にそびえ立つ

◆大観覧車の公式ウェブサイト（http://www.wienerriesenrad.com）は、歴史、データを収録、足元の展示施設も紹介。『観覧車物語』（福井優子著、平凡社）は、200点以上の図版を収録し、世界の観覧車巡りを楽しめる読み物だ。

奇塔奇門

サグラダ・ファミリア教会

所在地◆バルセロナ市マジョルカ通り401
着工年◆1882年
建築家◆アントニオ・ガウディ

【文】藤森照信　【写真】二川幸夫

この建物は誰でも見覚えがあるだろう。毎年たくさんの日本人観光客が訪れるスペインはバルセロナのサグラダ・ファミリア教会である。今や世界で最も有名な建物の一つだが、81年前の1926年6月、これを手がけていた老建築家のアントニオ・ガウディが市街電車にはねられて73歳の生涯を閉じた時、スペイン以外では建物のことも建築家のことも知る人はほとんどいなかった。

でも、日本の今井兼次はちがった。ガウディが亡くなった翌月、死んだとも知らずにバルセロナ目ざして東京を発《た》っている。欧米の建築雑誌の片すみに小さく載った工事中の写真を見て31歳の若き建築家魂が震えたのだった。

シベリア鉄道に乗り、北欧、ドイツ、フランスを経てバルセロナに入ったのは26（昭和元）年の暮れのこと。大いに感動し日がな一日眺めて過ごした、と思いたいが実はちがう。今井が帰国後に書いているところによると、スケッチすることもせず、後ろも振り返らずに、逃げるようにしてその場を離れた。姿形のあまりの異様さに畏れすら感じたのだった。

今井の目には、奇怪で異様にすら映ったのだった。今だって、ホラー映画に悪魔の館として登場してもおかしくない。

ガウディは生涯をサグラダ・ファミリア建設に捧《ささ》げたカトリック建築家として知られているが、そのキリスト教理解はふつうとは少しちがっていたのではないかと私は疑っている。建物がそう言っているのだ。

たとえば、正面に3本の柱が立ち上がり、その上にキリスト生誕を喜ぶ聖家族（サグラダ・ファミリア）はじめさまざまな図像が展開するのだが、そうしたキリスト教聖図像を支える柱の立ち上がり部分に注目すると、左右の2本はなんと大きな亀の背に乗っているではないか。肝心要の中央の1本はと見ると、崩れかけ、太い金網でカバーをされているので分かりにくいが、まさかアレでは。二川幸夫さんがわざわざ撮ってきてくれた写真を見ると、やはり蛇だった。リンゴをくわえているからアダムとイブの蛇ということになり、聖家族をたたえる教会にふさわしい。

蛇や亀だけでなく、トカゲやワニも随所に顔を出す。こういう地をはう動物にガウディは特別な関心を抱いていたことになるが、なぜだろう。

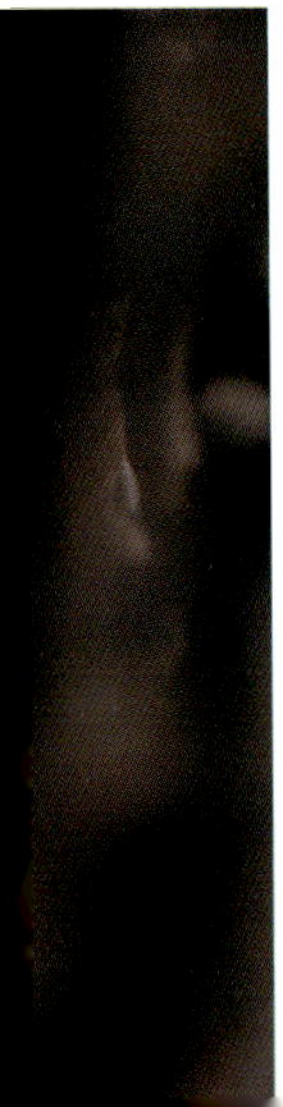

中断危機に自ら献金呼びかけ

ガウディはカタルニア地方の小都市に生まれ、バルセロナで多くの建築を手がけた。サグラダ・ファミリア教会は、最初の建築家が1年で辞任し、ガウディは2代目。建築費不足による中断の危機が何度もあったが、自ら献金を呼びかけて乗り越えた。構想では約１７０メートルの中央塔をはじめ18の高い塔が並ぶ計画で、現在も建築が続く。

(上) 着工から125年を経て、まだ完成にはほど遠い
(下) 金網越しにリンゴをくわえた蛇が見える

◆サグラダ・ファミリア教会のウェブサイトはhttp://www.sagradafamilia.org。ガウディの生涯と一連の作品については『アントニオ・ガウディ』(鳥居徳敏著、鹿島出版会)が詳しい。

奇塔奇門

戦勝記念塔

所在地◆ベルリン市ティーアガルテン
完成年◆１８７３年
建築家◆ハインリヒ・シュトラック

【文】松葉一清
【写真】フォルケ・ハンフェルト

「ヒトラーは戦勝記念塔をドイツの歴史の記念碑と見なしていた。実際、彼は柱身を伸ばして高くし、印象的にしようとした。ヒトラーは改良のためのスケッチを自ら描いた」

ヒトラーのお抱え建築家アルベルト・シュペーアが、戦争責任を問われた20年の投獄を経て出版した回顧録のなかで記している。

シュペーアは、塔をベルリン大改造のじゃまもの扱いし、１９３８年、帝国議会議事堂前広場から現在の都市公園ティーアガルテンの真ん中に移動させた。同時に高さを６・５メートル加えて67メートルにし、独裁者の希望に応えてみせた。

黄金の光を放つ勝利の女神の背丈は約８メートル、ブロンズ彫刻に１キロの純金めっきの仕上げだ。落成した１８７３年９月２日は、プロイセンが普仏戦争のセダンの戦いでナポレオン３世を捕虜にした３周年記念日。普墺《ふおう》戦争など合わせて三つの勝利を記念する。

もっとも、現代のわたしたちのまぶたに塔が焼き付いたのは、プロイセンの戦歴でもヒトラーの権威主義でもない。ビム・ベンダース監督の映画「ベルリン・天使の詩」（１９８７年）が描いた、「壁」で隔てられ悲嘆にくれるベルリンの象徴としてのイメージがまさっている。

市井のひとびとの心のつぶやきに耳を傾け、優しく肩に手を置く天使は、勝利の女神の肩に腰かけ、メトロポリスを見渡す。女神の巨大な顔を背に、彼らは下界に舞い降りる。モノクロームの画面で鈍く光る女神の存在感は強烈だった。

89年の「壁」の崩壊から間もないころ、冬のベルリンを訪ねた。首都復帰の再開発ラッシュには遠く、空き地だらけだった。

重く黒い雲が上空を覆う朝、ポツダム広場の駅で地下鉄を降りると同行者がいた。米国の大学生たち。ベンダースの映画を見て来たのかなと思った。戦災と壁によって放置された廃墟で、語り部ホメロスを自任する老人の姿が、わたしをそこに導いたからだ。

戦勝記念塔に赴くと同じ若者たちに出くわした。やはりベンダースがわたしたちを呼び集めたのだ。塔内の２８５段のらせん階段を一気に上るのは彼らにも重労働で、わたしたちは息をぜーぜーいわせて一休みした。塔上の展望バルコニーで女神に対面し、映画に入り込んだ満足感を味わった。

何年か経た首都復帰後、観光客を満載して走る路線バスの窓から、初夏の陽光で金ピカの女神を眺めた。軽やかな印象への変化は、新たな世界都市として浮揚するベルリンの勢いが、見る側の心理に作用したのだろう。

戦後の破壊生き延びた

戦勝記念塔が見下ろすティーアガルテンは、王侯の狩猟場に由来する巨大な都市公園。塔のそびえるグローサー・シュテルン円形広場は、ブランデンブルク門から延びる都市軸線上に位置する。元あった帝国議会議事堂前広場から1・6キロほど西に移動した。

彫刻家フリードリヒ・ドラーケは自分の娘を女神のモデルにしたという。ワシの飾りのかぶとに月桂冠と鉄十字を持つ立像は、勇壮華麗で目をひく。

第2次大戦直後、フランス軍が破壊を提案したが、他の連合国の反対で命をながらえ、修復整備されて観光スポットとなった。

（上）黄金の女神像をのせてそびえる戦勝記念塔
（下）ティーアガルテンの緑との対比が美しい
©Folke Hanfeld

◆ベルリン・パートナーのウェブサイト（http://www.doitsu.com/berlin）は、最新の観光案内も網羅する。シュペーア回顧録『第三帝国の神殿にて』（品田豊治訳、中央公論新社）は、ナチス時代の誇大妄想の都市計画の軌跡をたどる。

奇塔奇門

大都市軸

所在地◆セルジー＝ポントワーズ市
完成年◆1986年（主要施設）
芸術家◆ダニ・カラバン

【文・写真】松葉一清

「欠陥工事が進んでいる」。そんな電話が市民から役所に寄せられた逸話を、主要施設の完成から20年近くを経て現場に立ったとき、思い出した。パリ近郊のセルジー＝ポントワーズ。「大都市軸」を名乗る大地の造形の建設が進んだのは、フランス革命２００年に向かう熱気のさなかだった。

　高さ36メートル、ベルベデーレ（展望塔）と名付けられた純白の塔が、長さ3キロに達するダニ・カラバンによる芸術の起点だ。その塔の傾斜を工事途中に見とがめたひとがいた。傾きは3度。施工ミスではなく、カラバンが都市軸の方向を示唆するべく意図的に傾斜させた。「大都市軸」の名の通り、軸線はプロムナードの形をとって、郊外駅に近い立地に建設された住宅群を貫き、セーヌ川の支流のオワーズ河畔に至り、川中の人工島へのびていく。

　ベルベデーレの頂上には内部の階段で出られる。オワーズ川、そしてパリに向かう眺望を視界に収めたとき、ひとはパリの円形広場と放射状の街路を構築したナポレオン3世のような壮大な気分になれるだろう。

　リカルド・ボフィル設計のバロック・リバイバルの集合住宅の曲面壁を切り欠く形で、軸線は足元からのび、果樹園の木立を抜けて、カラバンの置いた12本の円柱に到達する。そこはオワーズ川を見下ろす高台で、軸線は急傾斜を下って俳優ジェラール・フィリップの住宅を見ながらオワーズの流れに至る。

　その都市軸線をさらに延長すると、パリの都市構造の規範シャンゼリゼの軸線と、セーヌの中州に位置するルノワールゆかりの「印象派の島」で交わる。つまり、傾きの先には新都市が参照すべきパリが存在することを芸術家は暗示した。

　都市も建築も白紙のうえに構築するのではなく、豊かな遺産をもたらした発想への敬意を忘れてはならないとするポスト・モダンの思考が実践された。

　この造形が注目された当時、パリはルーブル美術館のガラスのピラミッド建設などミッテラン大統領による大改造が進み、勢いがあった。世界の都市間競争を文化で勝ち抜こうとする大統領の気概である。セルジー＝ポントワーズも流れに乗り、フランス政府との連携のもと、世界的な芸術家、建築家が協働した。

　時は流れ、政権も代わったが、時間経過による細部のほころびは目立たない。創造者の才能に都市レベルの造営を委ねる文化大国の豪胆さがもたらした「現代の遺産」だ。

彫刻家・建築家による造形美

ダニ・カラバンは1930年生まれ。テル・アビブやパリを中心に、彫刻家だけではくくれない、都市レベルでの大規模な造形を、世界を舞台に実現している。日本国内にも「札幌芸術の森」などに作品があり、世界文化賞（98年）も受けた。

セルジー＝ポントワーズは、パリの都心から北西にのびる近郊鉄道の終端エリアに位置し、新都市が構築された。エリック・ロメール監督の映画「友だちの恋人」の舞台ともなった。住宅を設計したリカルド・ボフィルは39年生まれのスペインを代表する建築家。70年代後半から90年代の世界の建築界をリードした。

（上）円形広場の中心に立つ塔は、見た目にも傾斜している
（下）オワーズの川辺に都市軸は向かう

◆「大都市軸」は、ダニ・カラバンの活動を紹介するウェブサイト（http://www.danikaravan.com）に記述がある。書籍は、本人の著作『大地との共鳴／環境との対話』（朝日新聞社）が刊行されている。

新凱旋門

所在地◆パリ市西郊ラ・デファンス地区
完成年◆1989年
建築家◆ヨハン・オットー・フォン・スプレッケルセン

【文】隈研吾 【写真】松葉一清

フランス

「パリを再生させたモニュメント」と絶賛した人もいるし、「時代錯誤の大げさな記念碑」との酷評もあった。「新凱旋《がいせん》門」として知られるグランド・アルシュのことである。

パリには都市を貫通する何本かの大軸線があるが、その中でも最も重要といわれる東西の大軸線――ルーブル美術館を起点とし、シャンゼリゼ通りを上り切ると、観光名所でもあるエトワール凱旋門がそびえ立つ――を北西に延長した先のラ・デファンス地区の中心部、大軸線の真上にこのモニュメントは建てられた。

「夢の挫折」から話は始まる。1958年にスタートしたラ・デファンス地区の開発は、典型的な「20世紀型」「アメリカ型」であった。オフィスと住宅のタワーの林立する「夢の副都心」を作るという計画は、歴史の薫る都心文化を愛するパリジャンに見捨てられて、瞬く間に色あせてしまった。

81年に大統領に就任したミッテランは、パリ再生のための九つの「グラン・プロジェ」の一つとして、グランド・アルシュの建設計画をぶちあげた。軸線の終点にエッフェル塔並みの記念碑さえ造れば「夢の副都心」はよみがえると、ミッテランはふんだのだろう。

83年にコンペで選ばれたのは、デンマーク人ヨハン・オットー・フォン・スプレッケルセンの案であった。外形は完全無欠の立方体で、軸線の起点のルーブルの中庭とぴったり同寸の105メートル角、エトワール凱旋門の約2倍の高さである。アーチ状で、中空の部分の幅はシャンゼリゼ通りと同寸。大軸線を意識しての〝語呂合わせ〟である。

出だしは勇ましかったが、途中から雲行きが変わった。政府は国際会議場とする案を変更、ただの庁舎建築となり、なぜあんな遠くにあれほどの巨大建築がいるのかと、パリっ子は騒ぎ始めた。建築家は政府やフランス側共同設計者と対立し、86年に失意のうちに辞任。翌年57歳で急死した際には自殺説が流れた。

もつれにもつれたモニュメントは、89年にやっと完成にこぎ着けた。ミッテランは95年に政権を去ったが、社会主義者のくせにモニュメントを建てすぎたという批判は今も続く。

もつれたのは時代のせいか、モニュメントの宿命か。エトワール凱旋門の建設を命じたナポレオンも、完成前に死亡し、死後20年してやっと柩《ひつぎ》が門をくぐった。どんなモニュメントもすんなりとは建たず、当事者たちは必ずしも幸せには死なない。しかし100年もすると、なぜか人々から愛される。

記念碑的な建築好む仏大統領

ミッテラン元大統領が打ち出した「グラン・プロジェ」は、１９８９年のフランス革命２００年をにらんで、パリに多様な大規模文化施設を出現させた。ルーブル美術館の「ガラスのピラミッド」も、北西に８キロ離れて建つ「新凱旋門」とともに「グラン・プロジェ」の代表格だ。

フランスの大統領は代々、記念碑的な建築を残してきた。大統領の名を冠したポンピドー・センター、ジスカール・デスタン氏の提案によるオルセー美術館もその例。シラク前大統領は、アジア、アフリカなどの美術・文物を集めるケ・ブランリ美術館の開館を祝った。

（上）新都心に純白の立方体がそびえる。アートの展示も
（下）新凱旋門に立つと、はるか本家の凱旋門が見通せる

◆ラ・デファンスの公式ウェブサイト（http://www.ladefense.fr）は進行中のイベントも紹介。「フランス・ランドマーク」（http://www.burger.si/France/Paris/seznam.html）はラ・デファンスのパノラマを掲載。

奇塔奇門

ワシントン記念塔

所在地◆ワシントンＤＣ、ナショナル・モール内
完成年◆１８８４年
建築家◆ロバート・ミルズ

【文・写真】山盛英司

約１５０年前、日本に開国を迫ったペリー提督には、もう一つ変わった使命があった。石の収集だ。

提督は、交渉で立ち寄った函館、下田、そして当時の琉球王国で、石を黒船に積み込んだ。石が向かったのは、はるかアメリカの新首都ワシントンだった。

ワシントンは、フランス出身の建築家ピエール・シャルル・ランファンによって設計された人工都市。中心には、ナショナル・モールと呼ばれる遊歩道の走る巨大な緑地帯が広がり、そこに建国の父で初代大統領ジョージ・ワシントンの業績をたたえるワシントン記念塔が計画された。

その石造建造物を祝福する記念石が、世界中から集められた。それにペリーも一役買ったのだ。設計者には、アメリカ人建築家ロバート・ミルズが選ばれた。

塔は、頂上がとがった細長い四角柱。まさに古代エジプトの記念碑であるオベリスクそのものだ。ロンドンやパリ、ローマにもオベリスクはあるが、どれもエジプトから運ばれた本物。ところがミルズは、ファラオの威光ではなく、市民の力で造り上げようとした。

しかも完成した塔の高さは、約１７０メートル。古代エジプトの「本物」は、せいぜい30メートルそこそこ。自由の国の意気込みが知れる。

独立当初、大英帝国などが行ってきた君主の顕彰への抵抗感もあって、記念碑で英雄を聖別するのにためらいがあった。が、この時期、首都も定まり、行政機関が整う中、国家の象徴作りが始まっていた。建国の父の記念碑は、全米に広がった巨大な記念碑建設の頂点だった。

現在、年間約80万人が記念塔に訪れるという。塔内部のエレベーターで、頂上近くの展望室に上ると、眼下に首都が広がる。東に国会議事堂、北にホワイトハウス、西にアーリントン国立墓地。いずれも正面やバルコニーが見える。いや逆だ。国会議員も、大統領も、戦死軍人も、こちらを仰ぎ見るようにできている。塔は、超大国の首都のあらゆる視線が集まる中心にあるのだ。

ところで、日本の石はどうなったのか。

ペリーの集めた石が首都に届いた前後、財政難や南北戦争で塔の建築は中断していた。再開後に使われたのは、下田の石だけ。ほかは行方不明になった。

１９８９年、それを知った沖縄の市民らが中心となり、新しい「琉球の石」を寄贈。石に世界平和への願いを刻んだ。「ジョージ・ワシントンの平和思想が永遠に人類の心に残ることを祈念しつつ」と。

下田の石は67メートル、琉球は95メートルに

アメリカ出身で、近代的な建築の修業をした第1世代の建築家であるミルズ（１７８１～１８５５）は、財務省庁舎など首都の公共建築を多く設計した。

１８４８年に着工されたワシントン記念塔は、ミルズの死後約30年を経て完成。当初案では、塔はもっと高く、足元にはギリシャ風の円形大広間も計画されていた。塔は約３万６０００個の石でできており、世界から集めた約２０００の記念石は、内壁にはめこまれている。下田の石は下から約67メートル、琉球の石は約95メートルの高さに設置されている。函館の石は不明だが、赤みがかった石だったという。

（上）首都の空間に白亜の塔がそびえる
（下）塔上の展望室から議事堂を望む

◆ワシントン記念塔の歴史は、公式ウェブサイト（http://www.nps.gov/wamo）が詳しい。『ペリー提督日本遠征記』（法政大学出版局）に、函館での送別式で日本側から、「ワシントンの記念碑」のための「花崗岩材」を贈られたという記述などがある。

奇塔奇門

ゲートウエー・アーチ

所在地◆ミズーリ州セントルイス市
完成年◆１９６５年
建築家◆エーロ・サーリネン

【文】隈研吾　【写真】松葉一清

セントルイスのダウンタウンは「古くて汚い街」であった。高層ビルは少なく、すすけたレンガ張りのビル群の向こう側、はるか上の方に、高さにして約２００メートル、総ステンレス張りの巨大なアーチが突如出現する様子は、まさに蜃気楼《しんきろう》並みのリアリティーのなさである。

デザインしたのは20世紀中盤のアメリカを代表する建築家エーロ・サーリネン。その名人が本気でアメリカ一、世界一の美しいモニュメントを作ろうとしたのだから、並みの美しさでは終わるはずもなかった。

計算され尽くされた放物線の形をしたアーチは、数学という抽象的な思考がそのまま地上に姿を現したような驚きを人に与え、ステンレスの板をすべてジョイントが見えないように溶接してしまったツルツル、ピカピカの表面は、これが本当の物質なのか、それとも空中に投射された映像なのかを不明にするほどの不思議な美しさなのである。

なぜこんなモニュメントがここにあるのだろうか。この下を流れるミシシッピ川から西がいわゆる「西部」なので、これはなんと西部開拓記念碑なのだそうである。アメリカの地理的現状に慣れ親しんだ目から見れば、古びたダウンタウンの中のアーチが開拓記念碑だという説明も、全くリアリティーを欠いている。

何重にもリアリティーを欠いたこのアーチの中で唯一のリアリティーは、頂上までガクンガクンとぎこちなくのぼっていく、やたらに狭いカプセル状の乗り物だけである。

完成は１９６５年。この時代のアメリカには、まだリアリティーの残滓《ざんし》が存在していた。カプセルに乗るとそれが感じられる。なにしろ、これだけの膨大な物質と職人を使い、現実の地上に記念碑をおったてようとしたのだから、アメリカはまだまだリアルな時代を生きていたのである。

その後、この手の壮大さを生の物質で実現しようなどという「無駄」なことを考えるアメリカ人はほとんどいなくなり、壮大さとはもっぱら、映像とコンピューター・グラフィックスの産物と相なったわけだ。経済、政治もしかり。リアルな物質を用いて、商品を作り、売り、儲《もう》けようというアメリカ人はほぼ全滅し、非物質的な架空のやりとりを通じて、巨億が生まれ、失われる時代が到来した。

この巨大なアーチは、そんな実在感を喪失したアンリアルなアメリカを予言してもいた。リアルなアメリカとアンリアルなアメリカの両方に脚をかけた、不思議なアーチである。

西部への「入口」、建築家の死後完成

第3代米国大統領トマス・ジェファーソンはフランスからルイジアナを購入し、西部開拓の端緒を開いた。その大統領を記念して建てられたのが、ゲートウエー・アーチの愛称で知られる「ジェファーソン記念碑」だ。1948年の碑の設計競技で、エーロ・サーリネン（1910〜61）はアーチを「西部への門」と位置づけ、1等になった。しかし、技術的な問題や予算の関係などで、完成したのは建築家の死後4年目だった。サーリネンは、フィンランド出身で米国で活躍。代表作にニューヨーク・ケネディ空港TWAターミナルなどがある。

（上）ステンレスのアーチが美しい放物線を描く
（下）内部は観覧車のような乗り物で移動することができる

◆ゲートウエー・アーチ紹介のウェブサイトには http://www.gatewayarch.com や http://www.nps.gov/jeff などがある。書籍では、サーリネン事務所で働いた経験のある穂積信夫著『エーロ・サーリネン』（鹿島出版会）が詳しい。

奇塔奇門

太陽の塔

所在地◆大阪府吹田市千里万博公園
完成年◆1970年
芸術家◆岡本太郎

【文】隈研吾　【写真】松葉一清

この塔は困ってしまうほどに明るい表情をしているが、実は日本という国の青春の終焉《しゅうえん》を刻印する。さびしい記念碑なのである。

1970年、今や大阪万博のシンボルとなった、このさびしく巨大な記念碑はたてられた。デザインは「芸術は爆発だ」という名文句で知られる岡本太郎である。1970年には大きな意味がある。そこを境にして、日本の社会は大きく転換した。勢いにまかせた戦後が終わり、少子化、高齢化の予兆が生まれた。ウーマンリブと称された女性の運動も、この頃はじまった。要するに男性中心、経済中心の高度成長の時代が失速し、低成長の成熟社会が到来したのである。青春の終焉とは、その意味である。

ではこの国の青春はいつスタートしたのか。すぐ浮かぶのは石原慎太郎の「太陽の季節」（55年）である。この小説と「太陽の塔」は、見事に対になっている。共に「太陽」という青春のシンボルを用い、共に男性的な「塔」が、退屈な平面をブスッと突き破っている。

「太陽の季節」では障子という繊細な平面が突き破られた。「太陽の塔」では、丹下健三の設計した万博の中心施設であるお祭り広場の大屋根が突き破られ、「太陽の塔」は高々と天に向かってそびえ立った。

大阪万博の基幹施設プロデューサーをつとめた丹下健三もマッチョなデザイナーであった。東京オリンピックでは男性的な代々木の体育館で世界から注目された。しかし、わずか6年後の万博の大屋根はよくいえばおとなしく、悪くいえば退屈である。急に老成し、自信喪失したようである。マッチョな高度成長の時代の終焉を敏感な彼はいち早く嗅《か》ぎとった。

この丹下の「遠慮」をせせら笑うようにして岡本は塔をぶち立て、大屋根を突き破ってしまった。遠慮の空気のなかで、繊細さだけを追求するデザインの傾向を彼は「弥生」ときめつけ、「縄文」的な力強いデザインの復権を提唱した。

ところがこの縄文の塔はアート界では受け入れられなかった。青春の始まりを記念する石原の塔は時代の寵児《ちょうじ》となったが、季節はずれの岡本の塔はゲテモノ扱いされた。岡本はアート界から退場したとまでいわれた。しかし今では「太陽の塔」も岡本も若者に大人気なのだ。成熟の時代が極まり、遠慮のはての「弥生」デザインも煮つまってしまった今、岡本の爆発に若者はうっとりするのである。

屋根消滅後も立つ土俗パワー

岡本太郎（１９１１～９６）は、漫画家の岡本一平を父に、小説家・歌人の岡本かの子を母とし、戦前のパリで美術家としての素養を身につけ、戦後、日本古来の土俗のエネルギーを表現した作品で脚光を浴びた。

「太陽の塔」は高さ約66メートル、お祭り広場の大屋根が姿を消したあとも、立ち続けている。岡本自身によると塔は「ベラボーなもの」であり、これをきっかけに日本人に「平気で己れを開き、野放図にふくらむ精神が現われてきたら」（『日本万国博　建築・造形』71年）と期待していた。

（上）岡本太郎の造形の迫力は時代が移っても衰えを知らない
（下）背面の太陽は黒い

◆岡本太郎については、川崎市岡本太郎美術館のウェブサイト（http://www.taromuseum.jp）が、作品、生涯を網羅する。『今日の芸術－時代を創造するものは誰か』（光文社）などの著書は現在の若者にも支持され、影響を与えている。

奇塔奇門

通天閣

所在地◆大阪市浪速区恵美須東1丁目
完成年◆1956年
建築家◆内藤多仲

【文・写真】松葉一清

日本

昭和31（1956）年の高さ100メートル。高いといえば高いが、200メートルを超える超高層が当たり前となった今ではびっくりするほどではない。2年後に完成の東京タワーが333メートルだから、高さ比較では見劣りがはなはだしい。それでも大阪といえば「通天閣」。都市の物語をはらんで、塔は今日も「新世界」の町にそびえ立つ。

パリと大阪、いかにも関係なさそうな二つの都市での暮らしの長かった知人に一帯の地図を見せると「エトワール広場じゃないですか」と驚きの声をあげた。

凱旋門が中心に鎮座するパリの広場は、「エトワール＝星」の名の通り、そこを起点に放射状の大通りが伸びる。新世界の中心に位置する通天閣の足元も、北半分ではあるが、合邦通など5本の街路が放射状に配されている。確かに浪速のエトワールだ。

この街路の形状が、通天閣と新世界の輝かしい来歴を物語る。

地球規模で当時の最新技術と名産を集めた「第5回内国勧業博覧会」（明治36年）の跡地開発によって新世界が開かれた。町の南半分はニューヨークのコニーアイランドを意識した遊園地ルナパークとなり、北半分はパリにならって星の広場が生まれた。中心に高さ75メートルの初代通天閣が登場したのは明治45年。フランス志向を踏まえ、凱旋門の上にエッフェル塔ばりの鉄塔を構える奇想の構成をとった。

流行歌「王将」にうたわれる棋士坂田三吉が東京への対抗心を燃やしたのはその「奇想の塔」。だが火災と戦時の鉄材供出で昭和18年に失われ、現在の2代目が復活するまでの13年間、象徴は不在だった。

空白を超えて登場した通天閣には、エッフェル塔も凱旋門もなかった。西條八十《やそ》が「王将」を作詞した昭和30年代半ば、実際に新世界にそびえたのはその新しい塔であり、設計は東京タワーと同じ内藤多仲だった。それでもひとびとは大阪の心意気を託して「王将」を口ずさんだ。密集した市街地で踏ん張る、いささか異様な4本の鉄骨の脚が、凱旋門仕立てだった先代をわずかにしのばせる。

串カツ、張りぼてのフグの看板、大衆演劇、ポルノ映画館、そしてげんかつぎのビリケン人形。通天閣と新世界は「時間の止まったような」と形容され、観光客が懐古趣味でのぞき見に来る場となった。都市にとって、逆戻りや凍結はほめ言葉ではない。それでも、エトワール広場をはじめ、都市の荒唐無稽な遺伝子の継承をかぎ取ればこそ、ひとは追体験を求めて足を運ぶ。奇想を愛した先人に感謝せねばなるまい。

初代は凱旋門＋エッフェル塔

通天閣の原点は、第5回内国勧業博覧会に大林組が建設した「望遠楼」。同社社史によると、木造で高さ45メートル、エレベーターが人気を呼んだ。

その評判を受け、会場跡地開発の目玉に明治45（1912）年、初代の通天閣が登場。設計は新世界全体を担当した設楽貞雄。凱旋門にエッフェル塔を継ぎ足した特異な仕立てだった。坂本勝比古氏の研究では、構造設計は後に鉄道大臣もつとめた八田嘉明とされる。第2次大戦後の復活は、地元の民間の力でなし遂げた。設計の内藤多仲は札幌、名古屋でもタワーを手がけた。

（上）映画のセットのような通天閣と新世界の街角
（下）道路をまたぐ鉄骨の脚が都市の門だった歴史を物語る

◆初代通天閣は、新世界商店会連合協議会のウェブサイト（http://www.shinsekai.ne.jp）などでみられる。『大阪モダン』（橋爪紳也著、NTT出版）はニューヨークとパリを合わせた街づくりの軌跡をたどり、『通天閣』（読売新聞大阪本社社会部編、新風書房）の人情話がほろりとさせる。

奇塔奇門

武雄温泉　楼門・新館浴場

所在地◆佐賀県武雄市武雄町武雄550
完成年◆1915年
建築家◆辰野金吾

【文】藤森照信　【写真】松葉一清

日本

楼門をくぐって、建物に入り、一風呂あびてから、乙姫さまと一緒にタイやヒラメの舞い踊りを……。

佐賀県の武雄温泉にこの施設はあって、誰でも一風呂あびることができる。残念ながらというか当然ながら、湯上がりに乙姫さまは待ってないし、タイやヒラメの舞い踊りも付かない。

意外なことにこの竜宮城、県の重要文化財指定（現在は国指定）を受けている。指定された理由の一つは歴史の古さで、92年前の大正4（1915）年の完成。東京で赤れんがの東京駅が開業した4カ月後、佐賀では朱塗りの浴場がオープンしていた。

でも、古いというだけで文化財になったかどうか。にわかに信じがたいが、東京駅の設計者と武雄温泉の設計者は同じ人物なのである。

辰野金吾。

日本最初の建築家にして、日銀本店と東京駅を手がけ、国会議事堂の設計にさあ乗り出そうという時に病没。

辰野金吾研究に着手した大学院生時代に武雄温泉が彼の作と聞き、マサカと思いあれこれ資料に当たったが、たしかに手がけている。東京駅と同時並行で工事を進めていた。

共通性は「赤と白」ということしかないのに、いったいどういうことなんだ。

まず、経済的理由が大きかった。明治35（1902）年、突如、東京帝国大学工科大学長という顕職を辞し、設計事務所を開いているが、最初期の民間設計事務所の台所は苦しく、東京駅の設計者に決まってやっと一息ついている。うれしさのあまりバンザイをしながら事務所に駆け込み、「これで諸君に給料を払うことができる」と叫んだ、と、元所員から聞いた。何でも引き受けたのだ。

辰野の建築思想は、用途にふさわしいスタイルを選ぶという19世紀ならではの「様式選択主義」だったから、本気で竜宮城でいいと思っていたにちがいない。傍証もある。明治42年に両国国技館を手がけているが、そのスタイルはなんとイスラムふうで、ネギ坊主みたいなドームが8個も乗っていた。当時、相撲は、今のプロレスやサーカスと同類の大衆娯楽でまだ国技化してない。興行師が国技館を名乗って、その後、名が体を導いたのだという。

武雄温泉は当初、ビリヤードや劇場をも備えたテーマパークとして計画されているが、テーマパークのテーマが竜宮城だったと考えたらどうだろう。インド大魔術団みたいな国技館を作る建築家に、このていどはお手のもの。

（上）屋根にシャチホコを乗せた竜宮城のような武雄温泉楼門
（下）４年前に修復された新館浴場

敷地内には大衆浴場も併設

辰野金吾（１８５４〜１９１９）は、唐津藩（佐賀県）の藩士の家に生まれた。工部大学校（現・東大工学部）の造家学科で、英国人建築家ジョサイア・コンドルに建築を学んだ。

武雄の温泉は１２００年以上前から知られていたという古湯だ。朱塗りの楼門と新館浴場は辰野葛西建築事務所が設計した。新館浴場は１９７０年代にいったん閉鎖したが、現在は修復され一般に公開されている。楼門、新館とも２００５年に国の重要文化財に指定された。

同じ敷地内には辰野設計ではないが、元湯、蓬莱湯、鷺乃湯といった大衆浴場があり、入浴することができる。

◆武雄市観光協会のウェブサイト（http://www.takeo-kk.net）に掲載されている。書籍は『工学博士辰野金吾伝』（白鳥省吾編、辰野葛西事務所）、『日本の建築　明治・大正・昭和3』（藤森照信著、三省堂）などがある。

奇態

シドニーオペラハウス

所在地◆シドニー市ベネロングポイント
完成年◆1973年
建築家◆ヨーン・ウツソン

【文】隈 研吾　【写真】村井 修

まっ青な海の上に、真っ白いヨットの帆。高さは70メートルもある。でもこれはヨットではなく、シドニー湾に浮かぶようにして建てられたオペラ劇場なのである。「20世紀で最も美しい建築」「歴史上最も多く写真に撮られた建築」という風評がたつほどのその優美な外観とは裏腹に、その完成までには、紆余曲折《うよきょくせつ》の長い16年間があった。

話は1957年にさかのぼる。第2次世界大戦のダメージを受けなかった好況で平和なオーストラリアに、ヨーロッパのオペラハウスに匹敵する文化の殿堂を！　プロジェクトはそのようにたちあがった。

国際設計コンペで230を超える応募案の中から1位に選ばれたのは38歳の無名のデンマーク人建築家、ヨーン・ウツソン。造船技師でヨットのデザイナーでもある父が、白い帆をイメージした屋根の模型作りに手を貸して息子を応援したという感動のエピソードに人々は酔った。フリーハンドで描かれたウツソンの稚拙な図面も話題になった。

ところがこの「白い帆」をどんな材料でどう作ればいいか、ウツソン自身も世界トップレベルのプロのエンジニアたちもなかなか答えが出せず、見切り発車で基礎工事が始まった。それでもなお、解決の見通しはたたない。そうこうしているうちに予算はふくれる一方となり政権も代わり、ウツソンへの風当たりはいよいよ厳しくなった。

ついに66年、彼は辞表を出し、プロジェクトを離れた。73年、仕事をひきついだ地元の建築家チームの手で建築が完成した際、総工費は当初予算の約6倍であった。

無駄な公共工事、税金泥棒、建築家の独善、無責任……今日の日本社会で問題とされている公共工事への批判がほぼすべて先取りされた。この建築のトラブルが原因で政権が交代したとまで噂《うわさ》された。

しかしコンペから半世紀がたって、この建築の悪口をいうオーストラリア人はほとんどいない。ここで開催されるイベントの数は、世界一ともいわれる。

ウツソンは2003年、建築界でもっとも名誉あるプリツカー賞を受賞した。審査員の建築家フランク・ゲーリーはこう讃《たた》えた。「あれほどの妨害と批判にさらされたにもかかわらず、彼はたったひとつの建築が、国全体のイメージさえも変えられることを証明した」。オーストラリアを思い浮かべる時、確かに多くの人の頭の中で、この「白い帆」の形をした建築が揺れている。

（上）ヨットの帆を思わせる外観
（下）内部のコンサート・ホール

設計者、工事半ばで離任

ヨーン・ウツソンは１９１８年、デンマークのコペンハーゲンに生まれ、王立アカデミーで建築を学んだ。シドニーのオペラハウスは彼の代表作だ。

難航した建設は、屋根を扇子のようなジグザグの骨組みで支え、強度を増すことで構造的問題を解決したものの、内部のホールの設計変更などを求められて行き詰まり、最終的に離任した。その後、オーストラリアの建築家集団などが引き継いで完成させた。２００７年に世界遺産となった。

ウツソンは中南米や東洋の建築などにも幅広く関心を寄せている。ほかに、クウェート国会議事堂やコペンハーゲンのバグスオア教会などを設計している。

◆オペラハウスの公式ウェブサイト（http://www.sydneyoperahouse.com）がある。また、ウツソンの事務所で働いたことのある三上祐三氏の著書『シドニーオペラハウスの光と影』（写真・村井修、彰国社）に詳しい。

奇態

ロンシャン礼拝堂

所在地◆オート＝ソーヌ県ロンシャン
完成年◆1955年
建築家◆ル・コルビュジエ

【文】隈 研吾 【写真】二川幸夫

フランス

「裏切り！」。1955年この小さな礼拝堂がフランス、ボージュ山地の丘の上に完成した時、建築に関心のある人々は一様に驚き、そして叫んだ。「ル・コルビュジエは裏切った」ル・コルビュジエが20世紀を代表する建築家であることは、異論の余地がない。彼は「機械の時代＝20世紀」を象徴する「白い箱」のような無機的建築をデザインして、20世紀のトップスターとなった。20年代から30年代にかけてである。

ところが一転して、この礼拝堂は「白い箱」の対極にある。人体を想《おも》わせるようなグニャグニャした曲面。ザラザラとした壁のテクスチャー。床は周囲の傾斜した大地のままに傾いている。「機械」のように冷徹で非人間的な建築を造り続けてきたル・コルビュジエが、突然温かくやわらかい「人間」に回帰したのはなぜだろうか。おまけに彼は無神論者であったはずなのに、これはカトリックの礼拝堂ではないか！人々の困惑は十分想像できる。

様々な解釈が出された。「芸術家の老化」「カトリックはカムフラージュで、彼は太陽神信仰の聖地をひそかに設計した」。間違いがないのは、この作品が時代の転換点にたっていたことである。均質と反復を基本原理とする「機械の時代」が終焉《しゅうえん》し、個別性、多様性を重要視する「人間の時代」が到来しつつあった。ル・コルビュジエは新しい時代の空気を敏感に嗅《か》ぎとり、その予感を形にした。しかし、その時代のいく末は誰にも見えなかったし、今もまだ見えてはいない。「人間の時代」には、人々の関心が物から心へと移り、宗教が復活し、平和な時代がくるだろうという予測もあった。宗教の世界でも、この時代に柔軟に適応しようとする動きがあった。この礼拝堂を発注したクチュリエ神父は「才能のない信者より、信仰のない天才に助けを求めるほうが確かだ」といって、マチス、レジェたちにも仕事を依頼し、開かれた宗教をめざした。しかしその後、様々な熱狂的宗教が多くの事件や社会問題をひきおこし、巨大宗教同士の憎しみと対立が一因となり、テロの横行する世界を作った。

「心の時代」は、人間に本当の平和をもたらすのだろうか。「心の時代」こそ、それぞれの個別で多様な心が対立する憎しみと混乱の時代なのではないか。それともこれは「機械の時代」から「心の時代」への転換期に特有の混乱にすぎないのか。

その答えを求めて、今でも多くの人がこの丘の上の礼拝堂を訪れる。

（上）量感あふれる仕立てが論議を呼んだ
（下）光の陰影が美しい

近代建築の祖

「近代建築の祖」とも呼ばれるル・コルビュジエは１８８７年スイスに生まれた。本名はシャルル＝エドアール・ジャンヌレ。父は時計の文字盤職人だった。パリの建築家の下で働いた後、独立する。40代でフランス市民権を取得。

フランス東部のロンシャンは、パリから特急で約4時間。礼拝堂の正式名は「ノートル＝ダム・デュ・オー」。第2次世界大戦で破壊されたカトリックの礼拝堂の跡に建てられた。ほぼ同時期にやはり代表作の「ラ・トゥーレット修道院」も手がけた。礼拝堂が完成した年には、東京の国立西洋美術館の設計のため来日している。

◆ロンシャン礼拝堂のウェブサイトは http://www.chapellederonchamp.fr。ル・コルビュジエの著書には『建築をめざして』（吉阪隆正訳、鹿島出版会）、『モデュロール』（同）などがある。

奇態

ポルト・ドーフィーヌ地下鉄駅出入口

所在地◆パリ市16区
完成年◆１９０１年
建築家◆エクトル・ギマール

【文・写真】松葉一清

19世紀半ばの第2帝政時代、ナポレオン3世を後ろだてに、セーヌ県知事オスマンが造り上げた現在のパリは、都市そのものが芸術作品とされるほど美しい。円形広場から放射状街路がのびる姿は、規律と躍動感の両方を手に入れている。

しかし、その都市の形が、歩きやすいかとなると話は別だ。大通りは軍隊の速やかな移動には便利でも、広場を外れた場所同士の行き来には放射状の仕立てが災いし、一直線ではすまない。１９００年の万博開催を踏まえた地下鉄建設は、右往左往しかねない世界からの見物客の回遊を楽にする観光対策でもあったとされる。

約１４０。エクトル・ギマールが、曲線の躍るアール・ヌーボーで仕立てた地下鉄駅出入口の数である。19世紀末に始まり相応な年数は要したにしても量的に圧倒される。ひとりの建築家が、先端芸術の網をそっくりメトロポリスにかけてしまう事態は痛快だ。植物を思わせる鋳鉄の奇怪な造形、カエルの目にたとえられる不気味な赤い照明、頭上に掲げられた標識のメトロポリタンの字体。それらを許容した世紀末パリの芸術志向に脱帽する。

フランス

しかし、当時のパリのアカデミーの指導者は芸術とは認めなかった。鉄やガラスをはじめとする工業製品が、肌も露《あらわ》に街頭に出現するのをよしとしなかった。シャルル・ガルニエ（オペラ座の設計者）は、地下鉄から「工業的傾向の排除」を主張し、実際、コンペでは他の建築家の保守的な案が選ばれた。

それが覆ったのは、市議会議長がアール・ヌーボーの愛好家だったとか、関係者が大衆におもねったとかいわれる。いずれにせよパリはすでに王侯貴族のものではなく、流行という名の市民の「趣味」が都市の造形の決定権を握っていた。

屋根と壁のそろったオリジナルに接するには、市街地の西端に位置する「ポルト・ドーフィーヌ駅」まで足を運ぶ必要がある。凱旋門からのびるフォッシュ大通りそばの緑地帯、ぽつんと残る出入口は、チョウやトンボの羽になぞらえられる優美なガラス屋根を、緑の鋳鉄の生物的な造形が支え、小さいながらも圧倒的な存在感を誇示している。いや、そこまで出向かなくとも、曲線を描く柱と手すりが組み合わさった簡略版は、パリの街のあちこちに姿をとどめ、世紀末をしのぶよすがを生き延びさせている。

「観光」をキーワードとする１００年前の決断が、歳月を超えて都市に貢献する姿は文字通り驚異的だ。

日本美術も刺激、世紀末芸術

アール・ヌーボーは19世紀末ヨーロッパの芸術運動。万博などを機に紹介された日本美術にも刺激を受け、植物曲線を採り入れた造形が開花した。フランス語の「新しい芸術」の意だが、ユーゲントシュティル（ドイツ）など各国の新表現を包括する世紀末芸術の総称でもある。

エクトル・ギマール（1867〜1942）の地下鉄駅出入口とならぶ代表作は「カステル・ベランジェ」（パリ）。細部まで独創的な造形がちりばめられる。地下鉄駅出入口はカナダ・モントリオールに移築されるなどしたが、現在では文化財としての評価が定着した。

（上）曲線を描く鉄材とガラス屋根が大胆な地下鉄駅出入口
（下）プレートにはギマールの署名

◆英文ウェブサイト http://www.geocities.com/hectorguimard は、ギマールの一連の作品の写真を掲載する。書籍は『世界地下鉄物語』（ベンソン・ボブリック著、日高敏・田村咲智訳、晶文社）が、パリの地下鉄誕生の経緯も紹介。

奇態

アブラクサス

所在地◆マルヌ・ラ・バレ新都市
完成年◆1982年
建築家◆リカルド・ボフィル

【文】隈研吾　【写真】松葉一清

フランス

パレ（宮殿）と呼ばれるぐらいだから、どんな金持ちが住む高級マンションが聳《そび》えているのだろうかとパリ郊外の敷地に恐る恐る足を踏み入れたら、いきなりサッカーボールが飛んできた。振り向くと、黒い顔をした少年たちが、白い歯をみせて笑っていた。

　実はこの建物群は、所得制限付きの低所得者層向けの公営集合住宅だったのである。それにしても、なぜそれがこんな派手なデザインなんだろうか。

　ヨーロッパには安い家賃の公営住宅をたてて、低所得の人々にも安定した生活を保障するという伝統がある。彼らのための住宅地を、荒れたスラムにはすべきでないという、都市計画の思想がヨーロッパには根強い。住宅建設も自由競争にまかせ、貧しい人々はスラムにでもどこでも勝手に住めばいいというアメリカ流とは対照的な思想が今も生きている。

　とはいっても公営住宅は殺風景でさびしい環境になりがちであった。それでは住民の気分も暗くなってしまうし、都市にとっても不幸だというわけで、新しいデザインを求める声があがり、この案が選ばれた。

　設計者のボフィルは、ローマ流の古典主義様式の名手として知られる。力強い柱を、求心的に上手に配置して、象徴的で心に残る空間を作るというのが古典主義様式のキモである。そのキモさえ心得ていれば、材料が多少安くても、ダイナミックな空間を作れるのが、このスタイルのマジックである。

　ボフィルはこのマジックを駆使してプレキャストコンクリートという工場で作った安い材料を使いながら、信じがたいほど印象的な空間を創造した。「大統領の息子が所得をいつわってここに住んでいるらしいぞ」という噂も、まことしやかにささやかれた。

　このマジック、ボフィルが創始者ではない。

　ローマ帝国の礎を固めたカエサル、アウグストゥスは、このマジックを用いて人々に愛され、住民が誇りを持てる美しいローマを作った。しかもローコストで。そのマジックがローマ帝国の繁栄の一つの柱となった。その伝統がヨーロッパの都市に脈々と受けつがれ、ヨーロッパの都市の骨格を作ってきたのである。その現代版がこのサッカー少年のパレなのである。

　一方、日本では、公営住宅ははやらない。アメリカ流の自由競争、市場万能主義で、都市も住宅も「合理化」してしまおうという昨今の流れである。その先に、どんな殺伐とした都市と生活が待っているかを、誰も真剣に考えていない。

社会科学・生態学も反映

スペイン・バルセロナ出身のボフィル（１９３９年生まれ）は、建築家だけではなく、社会科学や生態学の専門家を集めた共同設計体「タイエール・デ・アルキテクトゥラ（建築工房）」を率いる。

古典主義様式をまとったポスト・モダン建築で知られ、日本では、東京銀座資生堂ビル（２００１年）がある。

アブラクサスは、「アブラクサスの空間」が正式な名称で、パリの東部郊外に立つ。三つの建物からできており、それぞれ「宮殿」「劇場」「アーチ」と呼ばれている。映画「未来世紀ブラジル」（１９８５年）の撮影に使われたことでも知られる。

（上）古典主義様式の荘厳さを現代に表現
（下）ＳＦ映画の撮影で使われた通路

◆アブラクサスについては、ボフィルの事務所のウェブサイト（http://www.bofill.com）で触れられている。『アパートメント　世界の夢の集合住宅』（文・植田実、写真・平地勲、平凡社）にも紹介がある。

奇態

ビルバオ・グッゲンハイム美術館

所在地◆ビルバオ市アバンドイバラ
完成年◆1997年
建築家◆フランク・ゲーリー

【文】隈 研吾　【写真】二川幸夫

なにしろ、やたらにまぶしい美術館である。スペイン・バスク地方の中心都市ビルバオは人口35万の歴史のある町だが、その古びた路地のつきあたりに突然、ピカーとまぶしく光る巨大な壁面があらわれる。何事が起こったかと思って近づくと、1990年代の建築界、アート界最大の話題作、ビルバオ・グッゲンハイム美術館のぐにゃぐにゃと湾曲した、チタン製の輝く壁面が屹立《きつりつ》していた。

ビルバオ市は起死回生の思いでアメリカのグッゲンハイム美術館を招致した。鉄鋼の町ビルバオの経済は1980年代に失速を開始し、重工業にかわる新しい産業を探すことが急務となった。そこで目をつけたのが「文化」という産業だったわけである。市が建設資金約1億ドルを負担し、「ぐにゃぐにゃ」がトレードマークのアメリカの建築家、フランク・ゲーリーに設計を依頼。航空工学用のCATIAというソフトを駆使してデザインした「まぶしいぐにゃぐにゃ」は人々の度肝を抜き、初年度の入場者数は130万人。市は3年で投資を回収したと噂された。文字通り、世界一まぶしい美術館が誕生したわけである。

しかし、聞こえてくるのはいい話ばかりではない。一地方都市であれだけの入場者数をキープするのは至難であり、車、バイク、ファッションなどをテーマとする大衆動員の可能な展覧会を連発せねばならず、美術館というよりはアートのテーマパークにすぎないという批判も出てきた。

あの「まぶしいぐにゃぐにゃ」もテーマパークそのものの品の悪さだという悪口も聞こえる。テーマパークのどぎつい手法を駆使しなければ、これからの時代、アート自体も生き残れないし、地方都市も同様に生き残れないと反論する人もいる。結局、得をしているのは、ノウハウと作品を提供しているアメリカの美術館だけで、地方都市のまちおこしでさえもアメリカの食い物にされる時代なんだという冷笑も聞こえる。

こんな複雑な状況をさして〝to B or not to B〟という小話も生まれた。原典はハムレットの「生きるべきか、生きざるべきか」であるが、このBはBe(生きる)ではなく、ビルバオのBである。テーマパークのきわどさにならい、アメリカに頭をさげて、なんとかこのグローバリズムの時代を生き抜くか、それとも、テーマパークにもアメリカにもそっぽを向いて、自らさびしく朽ちていくのか。

ビルバオの行く末に世界が注目している。

（上）川面に映った銀色の外観が美しい
（下）美術館中央1階の広い吹き抜け

銀色の曲面、コイの姿イメージ

米国を拠点に活躍するフランク・ゲーリー（1929年生まれ）は、常識を覆す奇抜な建築で知られる。銀色の曲面の外観は、少年時代に見たコイのイメージとされる。神戸メリケンパークにある同氏デザインの巨大なオブジェ「フィッシュダンス」もコイをかたどっている。

グッゲンハイム美術館は、モダンアートの収集品で知られ、F・L・ライト設計のニューヨークのほか、ベネチア、ベルリン、ラスベガスにもある。ビルバオには19の展示室があり、総床面積約1万1000平方メートル。バスク州政府の再開発プロジェクトの一環として、新空港や地下鉄網とともに実現した。

◆ビルバオ・グッゲンハイム美術館のウェブサイトは http://www.guggenheim-bilbao.es。書籍には『Frank Gehry, Architect』（フランク・ゲーリーほか著、Guggenheim Museum Publications）がある。

奇態

パーク・メールバイク

所在地◆ベルヘン市
完成年◆１９１８年
建築家◆Ｊ・Ｆ・スタール ほか

【文・写真】藤森照信

これはいったい何なんだ。小人の家にしてはドアが大きい。形はヘンだがれっきとしたオランダの住宅で、アムステルダム郊外の森の中に立っている。パーク・メールバイクと名付けられた芸術家村には17軒の一風変わった茅葺《かやぶ》きばかり集まっているが、その1軒の離れとして、建築家のＪ・Ｆ・スタールによって設計された。出来てからもう90年近い。

19世紀末のアール・ヌーボーこのかた、モダンデザインの流れは１００年以上の歴史を誇るが、茅葺きはこれを含む一群しか登場しない。

20世紀初頭に突発的に生まれてきた一群のことを建築史上では「アムステルダム派」と呼ぶ。アムステルダムに集まった青年建築家たちが起こした造形運動だったからだ。建築家が手がける茅葺きは当時も珍種と見なされていたが、今となっては絶滅危惧《きぐ》種。

ただの茅葺きではない。世界のどこでも伝統的な茅葺きは、必ず屋根だけに斜めに葺かれる。ところがアムステルダム派の連中ときたら、屋根から始めて屋根で止まらずに壁までカバーし、世にもまれな垂直の茅葺きを作ってしまった。20世紀の建築は、鉄とガラスとコンクリートの白い四角な箱(ホワイト・キューブ)を目指して進んできたというのにどうしたのか。

オランダ

彼らは丸みを帯びた茅葺きと合わせて、壁には赤や黄味がかった煉瓦《れんが》を積み、煉瓦でゆるやかなカーブを描くことを好んだ。推測するに、20世紀の建築家には珍しく、建築というものにやさしさとやわらかさを求めていたのではないか。茅が壁までカバーしているのは、茅にあたたかく包まれたいと願ったからだろう。

もちろん世界の建築界からは無視された。日本を除いて。

１９１８年に芸術家村が出来て5年後、28歳の青年建築家堀口捨己《すてみ》が訪れる。その1年後、ロンドン留学中の青年医師久保盛徳が向こうの雑誌でアムステルダム派を知り、帰国したら新婚用の新居はこのスタイルにしようと決意する。さらに6年後、39歳の建築家村野藤吾がアムステルダムに寄って茅葺き開眼。

そして戦前の日本にはアムステルダム派の茅葺き、もしくは茅葺きの形に習ったスレート(石板)葺きや瓦葺きの住宅がいくつも実現した。

その一つ、堀口が帰国してすぐ手がけた小出邸(25年)は、現在、江戸東京たてもの園に移築されている。

近代の心と魂、立体的な幻想

ヨーロッパにさまざまな新建築表現が開花した19世紀末、オランダでは近代建築家の先駆けとなったH・P・ベルラーへが現れた。アムステルダム派は、より自由で表現主義的な建築を目ざして結成された。スタールをはじめクロフォラー、ブラアウ、クラマー、ラ・クロワらが集まり、タイル製造業者の依頼で、ベルヘンに芸術家村パーク・メールバイクを作った。

敷地内には「箱船の小屋」「小川と森の家」などが並ぶ。それを堀口捨己は「近代の心と魂の醇化《じゅんか》から室として表れて来る空間を持つ立体的な幻想」(『現代オランダ建築』)と評した。

(上) J・F・スタールが設計した「箱船の小屋」
(下) 垂直にふかれた茅葺きが珍しい

◆パーク・メールバイクについては雑誌「建築文化 特集ダッチ・モダニズム」(2001年8月号、彰国社)に紹介がある。また、アムステルダム派については『建築巡礼41 オランダの近代建築』(山縣洋著、丸善)でも触れられている。

奇態

メーリニコフ邸

所在地◆モスクワ市
クリボアルバーツキー横丁
完成年◆1929年
建築家◆コンスタンチン・メーリニコフ

【文・写真】山盛英司

石造りやれんが造りの重厚な建物が並ぶモスクワ。その中心街にひっそりと、メーリニコフ邸は立つ。

2本の白い円筒を連ねた姿。壁面には六角形の窓が規則的に並ぶ。円筒はロシアの古建築からヒントを得たとも言われるが、80年近く前のデザインとは思えない奇抜さだ。

2005年の初夏、ここを訪ねた。当時90歳の画家ビクトル・メーリニコフさんは、父コンスタンチン・メーリニコフが設計した自邸を、「この建物は、真珠のようだ」と目を細めながら、親切に案内してくれた。

2本の円筒は3階建て。3階のアトリエに入ると、六角形の窓から光がさんさんとふりそそぐ。ここは光を求めてやまない北国なのだ。「昔は窓からクレムリンがよく見えた」。ビクトルさんは懐かしんだ。

だが、そのクレムリンの独裁者のせいで、この自邸も、設計をした父も、長く社会から忘れられた。

20世紀初頭、革命からソ連誕生という動乱のロシアで、前衛的な芸術運動が広がる。ロシア・アバンギャルドだ。その運動を代表する1人、メーリニコフは1925年のパリ万博でソ連館を設計。一躍、国際的な建築家の仲間入りをした。帰国後、自邸を手がけた。

共産主義の理想の下、土地の国有化が進み、労働者のための集合住宅が多く作られた。なのに、首都の真ん中に個人の住宅を建てるのが許された。実験住宅という大義名分もあったようだが、それだけ建築家としての評価が高かったのだ。

しかし、まもなくスターリンが政権を掌握。ロシアの現実を踏まえた社会主義リアリズムが幅をきかせ、新世紀の芸術の革新を信じていたアバンギャルド運動は、厳しい批判を浴びる。

中でもメーリニコフは、華やかに活動した分、反動も大きかった。30年代半ばには、新聞や全ソ建築家同盟の総会などで攻撃された。「現実の生活を無視している」「彫刻のような建築だ」……。建築家としての生命は、断たれた。

やがてモスクワにはソ連版の摩天楼といわれる「高層住宅」が立ち始める。古典主義やゴシック風の威圧的な建築は、「スターリン建築」と呼ばれた。

メーリニコフの再評価が始まったのは、60年代半ばだ。身近な人でも、70歳を過ぎた老建築家の業績を知らない者がいた。

「建築とは美である」と信じた建築家は晩年、都市の喧噪《けんそう》の中に立つ「真珠」のような自邸を「独奏者」と呼んだ。そしてこう続けた。

「私はひとりだ。けれど孤独ではない」

20～30年代にモスクワで活躍

ロシア・アバンギャルド建築を代表する、コンスタンチン・メーリニコフ（1890～1974）は主に20～30年代、モスクワを中心に活躍した。労働者の余暇施設であるクラブなどを手がけ、誇大妄想的なコンペ案で世界を驚かせた。れんが造りの自邸は、1階が書斎や食堂、2階が居間と寝室、3階がアトリエだ。老朽化が進んだため、90年代から細々と修復が続けられてきた。

博物館として保存したいと考えていた長男のビクトルさんは06年2月、死去。保存に向けた取り組みが検討されている。

（上）画架などが置かれた3階のアトリエ
（下）蜂の巣のように並ぶ小窓が印象的だ

◆『コンスタンティン・メーリニコフの建築　1920s―1930s』（TOTO出版）が刊行されている。作品を集めたウェブサイト（http://home.vianetworks.nl/users/wie/melnikov/indexe.html）もある。

奇態

ジョンソンワックス本社ビル

所在地◆ウィスコンシン州ラシーン市
完成年◆1939年
建築家◆フランク・ロイド・ライト

【文】隈 研吾 【写真】二川幸夫

このオフィスに足を踏み入れた時の感覚は、今でも眼にこびりついている。「森だ！」と息をのんだ。

アメリカを代表する大企業のビルなのに、オフィス独特の冷たくて、寒々しい雰囲気がない。森みたいに空気がしっとりとしていて、木漏れ日のようにやさしい光が天井から降り注いでいる。

設計者のフランク・ロイド・ライトは、「自然」を目標にして生涯、建築を作り続けた。この「森」のようなオフィスは、彼の代表作のひとつである。ライト自身がデザインした椅子《いす》は、森の中をかけまわるリスのようにかわいらしい。

そこには6メートル間隔で60本もの柱が並んでいる。根本は直径23センチしかなくて、白樺《しらかば》のように細い。上にいくに従って、枝のように広がって天井を支え、その枝と枝の隙間《すきま》にガラスのチューブがはめ込まれ、そのチューブがガラスの屋根からの自然光を細かく砕いて、木漏れ日を作るのだ。

この魔法の柱がオフィスを「森」へと変身させた。最初の構造計算では、約90センチの直径のコンクリートの柱が必要だという結果が出た。そんな威圧的な柱では「森」にはならない。ライトは細い木と木が肩を寄せあって、お互いを支えあうような構造のシステムを考えた。ところが建築許可を下ろす役人はライトの説明を信じない。

それなら、と彼は公開で実験を行い、「森」の柱の上に砂袋を積んでいった。日没まで袋を上に積み上げても、まだ柱は壊れない。役人は無言で立ち去り、許可は下りた。

ライトは徹底して、20世紀のアメリカ文明に抵抗した建築家だった。自然のありがたさを忘れ、人間を画一化する20世紀のアメリカを、彼は批判し続けた。エキセントリックなまでの彼の活動は、しばしば保守的なアメリカ社会の顰蹙《ひんしゅく》を買った。旧帝国ホテルの設計のための数年間の日本滞在は、アメリカに居づらくなったせいだという指摘すらある。それほど彼は20世紀のアメリカと闘い続けた。あれほど著名であったにもかかわらず、公共建築の依頼は、死の間際のマリン郡庁舎(カリフォルニア州)まで一件もなかったとされる。

しかし、それゆえにこそ、一部の人々は熱狂的に彼の作品を愛した。愛し続けた。今でも彼の作品の多くは、ボランティアの人々によって美しく管理され、熱心なガイドツアーも継続している。このジョンソンワックスのオフィスも70年がたとうとするが、大事に使用され、丁寧な見学ツアーも続いている。ガイドは熱心にライトの哲学を代弁する。「自然に還《かえ》れ」と。

「精神高める仕事の場」

ジョンソンワックス社はワックスやペンキの製造会社として知られる。3代目のH・F・ジョンソン社長がライト（1867〜1959）に設計を依頼した。流線形を多用した有機的なデザインの建物は、1階は事務部門、2階に体育館などの厚生施設、3階に社長室などが入るよう設計された。

ライトはこの建物について「かつて寺院が精神を高める礼拝の場であったように、精神を高める仕事の場」（『ライト「自伝」』中央公論美術出版）と記している。その後、隣接の研究棟を設計。同社長の自邸も手がけている。

（上）樹木のような柱が並ぶ事務所内
（下）本社ビル［右］と研究棟

◆ライトについては財団のウェブサイト（http://www.franklloydwright.org）がある。書籍では『GAトラベラー　007　フランク・ロイド・ライト』（エーディーエー・エディタ・トーキョー）に紹介されている。

奇態

フラットアイアンビル

所在地◆ニューヨーク市5番街175
完成年◆1902年
建築家◆ダニエル・バーナム

【文】隈 研吾 【写真】山盛英司

天に届くビルを想像していたのに、現物が低くて驚いた。

それでも、建設当時（１９０２年）はニューヨーク一の話題建築で、今でいえば六本木ヒルズである。４００メートルを超える昨今の超高層ビルラッシュと比べれば信じられない話だが、約87メートルという高さは、当時としては超高層。それ以上に度肝を抜いたのは、薄切りチーズケーキのようなとんがった形状であった。鋭角の先端を見上げると、雲の中に消えてゆかんばかりに高く、87メートルを何倍にも感じさせた。

人々はそれに「フラットアイアン（鏝《コテ》の意味）」という愛称をつけ、ニューヨークの観光絵はがき有数の人気アイテムとなったのである。31年にエンパイアステートが出現するまで「コテ」はニューヨークの顔であった。

しかし、この「コテ」は、ある意味で偶然の産物であった。建築の敷地が、そもそも、あの細長い三角形をしていたのである。

ニューヨークのゴバンのような規則正しい道路パターンの上を、ブロードウェーという例外が斜めに横切る。ネイティブ・アメリカンの村の道の名残といわれるこの変則な道を残したおかげで、非人間的な都市に変化とぬくもりが生まれた。この街の都市計画の基本を作ったオルムステッドは、もともと公園デザインのプロで、そのセンスがブロードウェーを造ったともいわれる。

ブロードウェーとゴバンの交点に、三角形や台形の様々な敷地ができる。その敷地の形をそのままビルにしたら、偶然「コテ」になり、人々は鋭角なビルが都市に与える劇的効果に驚いた。それがきっかけとなって、一種の「鋭角ブーム」が起きた。

その後、29年の大恐慌へと向かって加速していく、ニューヨークのバブル景気とは、ビルを「より高くより鋭く」する競争の時代であった。四角い敷地の上でも、ビルの頂部は鋭角にデザインされ、エンパイアステートやクライスラーのような「とんがった」スカイスクレーパー（「空をひっかく」の意）が乱立した。

「鋭角ブーム」は今も続いている。上海に次々とたつ超高層は、どれもどこかがとがっていて、空をひっかき、人々の心をひっかくのである。人がいる限り都市があり、都市がある限りバブルが生まれ、バブルは必ず「鋭角」と一緒にやってくる。上海の次は、また世界のどこかに「鋭角」が出現するのだろう。それらすべてのきっかけが、今となってはつつましく見えるこの優雅な「コテ」ビルの偶然の出現であったとすれば、感慨もひとしおだ。

22階建てオフィスビル

ブロードウェーはミュージカルの代名詞にもなった大通り。劇場のある地区から南に歩くと、5番街との交差点にフラットアイアンビルが姿を現す。22階建てのオフィスビル。基壇・中間・頂部のそれぞれに異なった意匠が施され、特異な形態と相まって印象深い建築となった。完成直後から写真家や画家の関心を引きつけた。

設計者のダニエル・バーナム（1846〜1912）は、シカゴを拠点に活動。1893年、同地で開かれたコロンブス記念万国博覧会では建築主任を務めた。後年、ワシントンDCなどの米国各地の都市計画にも力を注いだ。

（上）三角州のような敷地に切り立ってそびえる
（下）三方の壁面は表情豊かだ

◆『アール・デコの摩天楼』（小林克弘著、鹿島出版会）、『錯乱のニューヨーク』（レム・コールハース著、鈴木圭介訳、筑摩書房）に記述がある。ニューヨークの建築関係ウェブサイト（http://www.nyc-architecture.com）でも紹介。

奇態

碉楼

所在地◆広東省開平市一帯
完成年◆1910〜40年代
建築家◆不詳

【文・写真】**藤森照信**

5、6階建てのビルがたち、足下には水田が広がり、よく見ると里芋が植わり、蓮池もある。建物を見れば欧米だが、あたりに広がるのはまごうことなきアジア。それも日本とそう遠くないアジアの農村。

写真のビルのつくられた時代は、右手から、1920年代、20年代、30年。ニューヨークに摩天楼が建てられた時代とちょうど重なって、中国は華南の広東省開平市一帯の農村に、世にも珍しい〝農民摩天楼〟が林立したのである。これは自力里の例。

碉楼と書いてデャオロウと読み、碉はトーチカ、楼は高い建物をさすが、こんなものが昔からあったわけではなくて、そのほとんどは辛亥革命の1911年に建設が始まり、1920年代をピークにして、中華人民共和国の成立まで続いた。その数、にわかに信じがたいが実に3000棟。

存在が歴史家や民俗学者に知られたのは20年ほど前で、清華大学から日本へ留学した銭毅氏が、この建築についての初の学位論文を書いている。私は、銭さんにすすめられて出かけ、市の担当者の譚偉強氏の案内で見歩いた。

古くから水害がしょっちゅうあって、貧しい地域だったという。食いっぱぐれた農民には二つの道しかない。意欲とツテのある者は、太平洋を越えてアメリカへ出稼ぎに、無い者は野盗の群れへ。

出稼ぎは、肉体労働に始まるが、しだいに物売りへ、やがて店を持つ者まで現れる。しかし、いくら稼いでも、家族を呼び寄せることをアメリカ政府は許さない。年に一度ほど稼ぎのギッシリ詰まったトランクを携えて、妻と子の待つ故郷の村に帰るしかない。

〝一脚三賊〟なる言葉があるほど野盗が横行し、成功した出稼ぎ農民が帰ってくると、そのあとを野盗がつけてゆき、夜、襲う。

そこで、成功した出稼ぎ農民は、野盗対策に砦《とりで》のような家をつくって住んだ。日頃は下の階で暮らし、襲撃の報が見張りから入ると、鉄の扉を閉めて閉じこもり、最上階から応戦した。女性も銃の訓練をおこたらなかったという。

野盗で一番有名なのは〝独眼鷹〟で、100人の配下を従え、昼は山中にひそみ、夜、襲う。まるで〝七人の侍〟状態だったが、49年、中華人民共和国が成立し、人民解放軍との銃撃戦で、独眼鷹は死んだという。

出稼ぎ農民とその一族は、鄧小平の開放政策が始まると、ほとんどがアメリカやカナダに出てしまい、今は空き家となっている。

出稼ぎの体験と成功託す

開平市一帯の農民摩天楼を実現したひとたちのなかには、高層建築の知識を持つ英国人建築家もいたようだが、過半は地元の建設業者がかかわっていた。

20世紀に入ると、中国では上海を中心に大規模なビルが出現し、高層建築を支える技術は建築界に広まった。また、施主自身の米国でのコンクリート建築の見聞と体験も、多くの同種の建築が一時期に開花する原動力となった。彼らは自身の成功をそこに託した。

上階には、野盗の襲撃に応戦するための銃眼が設けられ、当時の中国の激動の世相をうかがわせる。

２００７年６月、世界遺産に登録された。

（上）農村に不思議な建築が林立する
（下）米国など世界各地でめとった妻たちの写真も

◆開平市のこれらの建築群を総覧するウェブサイト（http://www.kaipingdiaolou.com）に、歴史や地域別の解説などが記され、写真も収められている。開平市の旅行ガイドの日本語ウェブサイト（http://kaihei.hitmans.com）もある。

奇態

泥の大モスク

所在地◆ジェンネ市
完成年◆１９０７年（再建）
建築家◆不詳

【文・写真】藤森照信

マリ共和国

ついに見てしまった。いずれの日にかと考えてはいたが、このシリーズに背中を押され、思いのほか早く出かけた。

鉄とコンクリートの出現以前、建物というものは土か木か石のいずれかで作られてきた。その一つ一つの歩みを、成立の歴史を、じっくり確かめようと願を掛け、私がヨーロッパの石造と日本の木造の二つに取り組みはじめたのが十数年前のこと。

二つが終わったら最後は土にしようと考えていたのに、途中下車して急に土。それも、アメリカのプエブロ族やインドや中近東の乾燥地帯に広く分布する土の建物をすっとばして一気に頂点なのである。

サハラ砂漠の南に位置するマリ共和国のジェンネという人口2万人ほどの町にこの「泥の大モスク」は立っている。立っているというより生えている。もし知らずに出くわしたら、知っていても砂嵐の中で眺めたら、この世のものとは思えないだろう。

泥のモスクはマリや隣国にいくつもあるけれども、ジェンネは群を抜く。まず圧倒的に大きく、平面は約50メートル四方。中央の塔の高さはおよそ20メートル。堂内には土の柱が90本も立ち並び、1本の太さは畳1枚分もある。そのうえ、すっくと伸びた外観がすばらしい。

これほどのものが出来たのは、ジェンネがアフリカ最大級の交易都市だったことによる。アフリカ世界と地中海世界を大きく分断するのはサハラ砂漠だが、その砂の海を唯一行き交うラクダのキャラバンの、アフリカ側の拠点だった。アフリカの象牙と金は、ニジェール川の水運を通してジェンネに集められ、ここからサハラを横切って地中海に運ばれ、一方、地中海からは綿織物が運ばれた。

こうした富を注ぎ、ニジェール川の泥を固めて干して積み、大モスクが造られるけれども、この地を支配する王様の都合で何度か壊され、現在のは１００年前の１９０７年に完成している。

人気もまばらな大モスクの前にたたずみ、暗い堂内に座り、泥の建築とは何なのかを考えた。

一つに、角という角が丸っこい。手で泥をなでつけて仕上げるからそうなる。

二つに、どこにも継ぎ目が見当たらない。地面との境もそうだから、地面がしだいに盛り上がってそのまま建物になったように見える。

「信心深い王様が泥のかたまりを一つ置いておいたら、月夜の晩にスクスク伸びて……」というたぐいの伝説は、ガイドに聞くと、ないそうだ。

発祥は13世紀、世界遺産にも

モスクのあるジェンネは約３５０キロ離れたトンブクトゥと一対の交易都市として発展した。イスラム文化の中心となり、初期のモスクが造営されたのは13世紀だった。

日干しれんがで出来たモスクの壁は、泥を塗った仕上げとなっている。とんがった塔の先端の造形は、繁栄と純潔の象徴とされるダチョウの卵をかたどっている。壁に突き出すヤシ材は壁塗り用の足場。

職人たちに住民も参加し、毎春、泥を塗り直すことによってモスクは保持されている。

ジェンネは１９８８年、ユネスコの世界遺産に登録され、広く知られるようになった。

（上）手仕事を反映して角はどこも丸い
（下）泥の宇宙にひきこまれそうだ

◆世界遺産都市機構（OWHC）のウェブサイト（http://www.ovpm.org/index.php）にジェンネの紹介がある。泥の大モスクについては、「週刊ユネスコ世界遺産第85号　伝説の都市トンブクトゥ」（講談社）も詳しい。

奇智

サン＝シュルピス教会

所在地◆パリ市6区サン＝シュルピス広場
完成年◆18世紀後半
建築家◆ジョバンニ・セルバンドーニ ほか

【文・写真】松葉一清

フランス

パリ、セーヌ川左岸、サン＝ジェルマン＝デ＝プレにも近い。威厳も歴史もあるのに、あまり人影をみなかった「サン＝シュルピス教会」がひっきりなしに観光客の訪れる場に様変わりしている。少なくともこの1、2年のこと。入り口の扉の前に、物ごいの姿を認めたとき、ベストセラーの影響力に感心した。

『ダ・ヴィンチ・コード』症候群である。米国の作家ダン・ブラウン氏の歴史ミステリーの刊行は２００３年。映画化が伝えられた時にはもう、いかにも知的好奇心の強そうな中高年のカップルが小説に描かれた神秘的なしつらえの数々を確かめようと、続々とやって来た。

古典様式の柱が2段重ねになった正面の外壁を見上げながら聖堂内に入る。奥行きが１００メートル、高さが30メートルを超える規模に圧倒される。観光客の男性があごに手を添えながら、足元で鈍く輝くラインに目を走らす。

視線の先にあるのは、床に埋め込まれた金属の線。祭壇の下を横切って壁際に達し、そこに立つエジプト風オベリスクを登って頂点まで到達する。これは南北に走る子午線であり、夏至や冬至などの季節の節目と日々の時刻の目安を知る役割を担ってきた。

男が連れの女を呼び、オベリスクの前で肩寄せ合い、居合わせた誰かにデジタルカメラのシャッターを押してもらうとストロボが光る。ベストセラーがもたらした最新の定番撮影スポットをおさえた、通好みのパリ記念写真の完成だ。

ミレニアム（新千年紀）を機に、にぎやかに語られ始めたキリスト教の秘密をおりこみ、物語は真贋《しんがん》の境を縫いながら進む。サン＝シュルピスは、作者のブラウン氏が謎解きの仕掛けとした子午線が具体的に確かめられるうえに、教会ゆえの訪問のしやすさも手伝い、一躍、世界からの観光スポットとなった。

何度かの建て替えと改装を重ねたサン＝シュルピスの聖堂内は、天井の構造もいかめしく、力感あふれる彫刻や壁画は日本からの旅行者の目には恐ろしげに映って、歴史の蓄積への畏敬《いけい》の念を抱かせる。

そこにオベリスクと子午線が配される奇怪さはパリでも屈指だし、そのサン＝シュルピスに目をつけたブラウン氏のベストセラー作家としての資質はさすがだ。でも映画はここも含め、ヨーロッパの空間の奥行きを表現しきれていない。だから現地へというひとが、もっと増えるかも知れない。

17世紀から建設、変遷重ね

サン＝シュルピス教会が、現在の姿の原形となる工事を始めたのは１６４６年。その後の百数十年にわたる建設期間中にも、大きな変遷を経てきた。このため左右の塔の仕立てが異なるなど、不思議な部分も少なくない。

『ダ・ヴィンチ・コード』がローズラインと呼ぶ聖堂の床を走る子午線は、南北の方位を示す。小説、映画ではそこの床をこわして、隠されていた石板を探しあてる設定になっているが、サン＝シュルピス教会は、一連の記述を否定している。

（上）床を走る子午線がオベリスクに向かう
（下）古典様式の外観がそびえる

◆サン＝シュルピス教会のウェブサイト（http://www.paroisse-saint-sulpice-paris.org）には、教会の平面図やドラクロワの壁画などの写真が収録されている。『ダ・ヴィンチ・コード』の邦訳（越前敏弥訳、角川書店）は1000万部を超えたという。

パンテオンとフーコーの振り子

奇智

所在地◆パリ市5区パンテオン広場
完成年◆１７９０年（パンテオン）
建築家◆ジャック＝ジェルマン・スフロ

【文】鈴木博之
【写真】アントワーヌ・プーペル

フランス

パリのパンテオンのドームの下に、静かに揺れる振り子がある。フーコーの振り子だ。だが、何故それがここに。

物理学者ジャン・ベルナール・レオン・フーコーは１８１９年に生まれ、パリ天文台の教授を務めた。彼は51年、地球の自転を証明するための装置を思いつく。長い糸に重い重りをつけて揺らし続けると、重りの振れる角度が一定の速度でゆっくりと変わってゆく。本来なら、振り子は一定の方向を保って揺れ続けるのに、地球の方が回転しているために、地上の私たちには相対的に振り子が回転しているように見えるのである。

フーコーの振り子については高校の物理で習った記憶があるし、その振り子が東京の国立科学博物館にあったという記憶もある。葛飾区郷土と天文の博物館でもこれを目にした。いまでは日本だけでも数多くのフーコーの振り子があるに違いない。しかしフーコー自身はどうやってこの実験を行ったのだろうか。

フーコーは51年1月の初めにパリの自宅の地下室でこの振り子を揺らした。この時は2メートルのワイヤに鋳物の重りをつけた。おそらくこれで確信を得た彼は、次に2月3日にパリ天文台で専門家を前に実験を行った。この時には11メートルの長さのワイヤで振り子を回転させることができた。

そして3月31日、パンテオン中央のドームから67メートルの振り子が釣り下げられた。重りは直径38センチで重さ28キログラムの金属球であった。振り子は16秒の周期で揺れ、徐々に回転していった。これが目に見えるかたちで地球の自転を証明するフーコーの振り子の公開実験であった。

しかし何故、この実験がパンテオンで行われたのであろうか。高いドームがあり、長い振り子をつるせるからだといってしまえばそれまでだが、パンテオンは建築家ジャック＝ジェルマン・スフロが「建築を支える構造は壁ではなく柱であるべきだ」という自己の哲学的信念にもとづいて設計した野心的建築だった。これまでの壁とアーチの支配に替わって、円柱が林立する空間が出現した。

ここに建築における新古典主義が始まるといわれる。これは理性によって検証できる建築の形態を求めたスフロの夢だった。

フーコーがここを公開実験の場に選んだのは、パンテオンを理性の殿堂と彼が見なしていたからではなかったか。いま、振り子はパンテオンに復元されているが、フーコーが使った振り子はパリの国立技術工芸博物館に収められている。

ボルテール、ルソーら偉人一堂

ジャック＝ジェルマン・スフロ（1713～80）が設計したパンテオンは当初、サント＝ジュヌビエーブ聖堂として計画された。フランス革命後、国家の偉人を埋葬する墓所パンテオンに転用。現在は無宗教の施設となっている。ボルテール、ルソー、ユゴー、ゾラらがここに眠っている。

フーコー（1819～68）の実験した振り子が移されたパリの国立技術工芸博物館は、ウンベルト・エーコの小説『フーコーの振り子』の舞台にもなった。小説では、振り子に隠された中世から現代まで続く秘密結社の謎をめぐって、事件が展開する。

（上）幾何学模様の床の上で揺れる振り子
（下）パンテオン外観
©Antoine Poupel

◆日本でフーコーの振り子実験が見られる施設の調査リストを、大阪市立科学館の渡部義弥学芸員が公表している。
http://www.sci-museum.kita.osaka.jp/˜yoshiya/foucault

奇智

オックスフォード大学博物館

所在地◆オックスフォード市パークス通り
完成年◆1860年
建築家◆ベンジャミン・ウッドワード

【文】鈴木博之　【写真】松葉一清

ものごとの始まりは、いつも混乱に満ちている。1860年に完成したこのオックスフォード大学の博物館も例外ではない。

外観はバース石という黄みを帯びた英国産の砂岩を用いた重厚なゴシック。しかし、窓はベネチア風、壁面の装飾の帯の模様はベローナの建物からの借用、彫刻はビザンチン風、色ちがいのスレートでパターンを描き出す急傾斜の屋根はオランダ風という多彩さである。

これらの要素は、当時の建築界に大きな影響力をもっていた評論家、ジョン・ラスキンの好みに合わせたといわれる。中世の手づくりの不規則な感覚をもった建築を理想とするゴシック様式の再現なのだ。これをラスキン風ゴシックと呼んでいる。

手づくりの良さを生かして、内部の列柱の柱頭（キャピタル）は、すべて異なった種類の植物装飾に仕上げられた。ラスキンはその彫刻を現場で監督している。建物の設計をしたのはディーン・アンド・ウッドワード事務所。ラスキンはこの事務所のベンジャミン・ウッドワードを高く評価していた。

ラスキン風ゴシックというのは、中世ではなく19世紀に試みられたゴシックだから、その多様さは内部でさらに大きくなる。建物のなかはガラス張りの天井を鉄骨の柱が支えるのだ。しかしその形はあくまでもゴシック。そこに巨大な恐竜の骨格標本が並んでいるのだから、入った途端にわれわれ現代人は息を呑《の》む。

この建物は大学博物館という、それまで存在しなかった自然科学の殿堂を、過去のゴシック様式に根ざして、新しい工業材料である鉄とガラスで作ろうという奇妙なパイオニア精神（?）に満ちた空間なのだ。

博物学、博物館、博覧会などは、みなこの時代が生み出した進取の気風の産物である。しかしこの時代は、建築や都市の理想の形態は中世にあると考えられていた。だからこそ、進取の気風が中世の衣をまとったのだ。

この建物の脇に化学の実験棟も付属しているのだが、博物館以上に新しいタイプの建物だった実験棟を、ここでは中世の修道院の厨房《ちゅうぼう》を応用して設計している。

厨房は火を使う建物だから、実験棟にふさわしいと考えられたようだ。錬金術と化学は、まだそれほど距離の遠いものではなかったということだろう。

ラスキンは後に、この試みを失敗と反省したが、そうと言えないチャレンジ精神を私は感じるのだ。

（上）建築の骨格の「森」を恐竜の標本が歩く
（下）大学都市の知性を思わせる外観

19世紀のゴシック復興

中世のゴシック様式を再評価するゴシック・リバイバル（復興）の運動は19世紀、建築や美術、文芸などに広がった。英国では、批評家で社会思想家のラスキン（１８１９〜１９００）が唱道し、ウッドワードのほかピュージン、スコットといった建築家が活躍した。

オックスフォード大学博物館は３００万以上の昆虫や50万以上の化石、20万ほどの動物の標本などを収蔵。『不思議の国のアリス』の著者ルイス・キャロルが主人公のモデルとなるアリスを連れて、展示されていた絶滅鳥ドードーの絵を見たことでも知られる。

◆オックスフォード大学博物館のウェブサイト（http://www.oum.ox.ac.uk）に、建築について紹介されている。ゴシック様式の再評価や、ラスキンの活動については、『ゴシック・リヴァイヴァル』（クリス・ブルックス著、鈴木博之・豊口真衣子訳、岩波書店）が詳しい。

奇智

サイオンハウスの大温室

所在地◆ロンドン近郊ハウンズロー地区
完成年◆1827年
建築家◆チャールズ・ファウラー

【文】鈴木博之　【写真】松葉一清

中央集権的でないイギリスでは、貴族の居館であるカントリーハウスに富や文化や風俗が濃密に蓄積されている。「イギリスの文化はカントリーハウスにあり」だ。

サイオンハウスはノーサンバーランド公爵の居館であり、ヒースロー空港からロンドン市街に向かう途中にあるという立地のよさからも、人気の観光スポットのひとつになっている。

ここは18世紀にロバート・アダムが設計したイギリス新古典主義の壮麗なインテリアで知られる。またハーブ園も世界的に有名である。インテリアとガーデニングの総本山のような館なのである。そこに19世紀に建てられた温室がある。大英帝国の拡大とともに南国の植物が流入し、温室の需要が急増するのだ。

しかし奇妙な温室だ。古典主義の宮殿のような構成でありながら、そこは温室だからガラスが盛んに用いられている。中央のドームもガラス張りだ。これこそ全面ガラス張り温室が出現する過渡期、石造の宮殿というサナギから温室という蝶《ちょう》が脱皮して現れる瞬間のような建物なのだ。

無理してガラスドームを作るのは、宮殿の名残の「奇想」であるだけでなく、曲面にガラスを張ったほうが、直射日光が余計温室内部に差し込むはずであるという、当時最新の理論にもとづいた結果でもあるのだ。この理論を唱えたのはJ・C・ラウドンという造園家、この温室を設計したのはチャールズ・ファウラーという建築家だ。

ふたりはその後それぞれ、自分の持ち味を展開する。ファウラーはガラス張りの建築が得意となって、各地にマーケットを設計する。マーケットには大きな屋根が必要で、同時に明るくなければ困る。温室のノウハウはマーケットに広がったのだ。彼の作品で有名なのが、ロンドンのコベントガーデンの花市場だ。ここは今では観光客の集まるショッピングマーケットとして親しまれている。

ラウドンのほうは温室に凝る。彼は一般の郊外住宅にも温室を持ち込もうと考えるのである。ガーデニングの父のような人物なのだ。彼はロンドンに自邸を建てて、そこに可愛らしいガラスドームの温室を付けた。ロンドンの地下鉄クイーンズウェイという駅を降りて、そこから50メートルの範囲をくまなく歩き回れば、今も残るラウドン旧邸のガラスドームを見つけられるだろう。

サイオンハウスの温室が生み出したものは幅広い。「奇想は孤ならず。必ず隣あり」だ。

富誇る公爵邸、映画撮影にも

ロンドン近郊のテムズ川沿いに広がるサイオンパークの中に、サイオンハウスはある。16世紀にサマセット公爵邸として建てられ、18世紀にノーサンバーランド公爵が、居館と庭園を改造した。

大温室のある庭園には、世界中から集められた珍しい樹木だけでも約２００種類が植えられている。美しい池やチョウを観察できる施設もある。

サイオンハウスには大理石を使った「大広間」や、貴族の肖像画が飾られた「赤の客間」などがある。ロバート・アルトマン監督の映画「ゴスフォード・パーク」の撮影にも使われた。

(上) 緑の庭園のなか、温室のガラス屋根が輝く
(下) 内部の空間は開放的で軽やかだ

◆サイオンパークについては、公式のウェブサイト（http://www.syonpark.co.uk）が詳しく、見学の方法のほか、歴史や開催予定のイベントなども掲載されている。

奇智

テート・モダン

所在地◆ロンドン市バンクサイド
完成年◆2000年
建築家◆ジャック・ヘルツォーク、ピエール・ド・ムーロン

【文】隈 研吾 【写真】二川幸夫

イギリス

ちょっと前のロンドンを知っている人なら、「よくあんな場所の、あんな建築を美術館にしたなあ……」と絶句するかもしれない。

それほどに、テムズ川の南の、あのあたりは、ちょっと汚くて、危ない感じの場所だった。かの漱石も、ロンドン留学中にテムズの南に居を定めたが、近所の雰囲気が悪くて、神経衰弱に陥ったという説があるほどの場所なのである。

しかも、この建築、もともとは発電所として1950年代に造られた。81年にクローズされてからは、不気味な巨大煙突が目立つ、気味の悪い廃墟であった。

その打ち捨てられた廃墟を国立の近現代美術館として改装し、リユース（再利用）しようと決めた人は、よほど勇気がある人だったに違いない。そして、その勇気と慧眼《けいがん》には予想以上の見返りがあった。美術館は現代アートの殿堂となり、パリのポンピドー・センターに匹敵するポジションを獲得したし、イギリスの現代アート自体の、世界の中でのポジションがアップするほどの影響力なのである。

おまけにこの地域全体が、かつてのバッドイメージを払拭《ふっしょく》して、今やロンドンでももっとも新しい文化の香りのするお洒落《しゃれ》な場所にもなったのである。

成功の原因のひとつは、スイスのヘルツォークとド・ムーロンの設計事務所による改装のデザインにあった。国際コンペで彼らの案が選ばれた時、多くの人は、「あれ、全然変わってないじゃん！」と驚いた。それほどに、彼らはもともとの「廃墟」のイメージを守り、少ししか手を加えなかったのである。他の建築家の案は、もっと大々的に建築家という「自分」を出した案だったのに対し、ヘルツォークたちの案は、どこに「自分」があるのかわからないほどにおとなしい案であった。

中でも圧巻なのは、発電所の中心部である。巨大なタービンホールをそのままに残した提案であった。天井高が約35メートルもある、あの錆《さ》びた鉄骨がむき出しの殺風景な空間は、とてもアートなど飾られたものではないと、当時は危ぶまれた。

しかし今や、毎年、選ばれたアーティストがあのタービンホールのために制作する作品を、アート界の誰もが心待ちにしている。

一言でいえば「新築なんて、かっこ悪い」というこの時代を代表する建築なのである。「新築」も、「自分」をストレートに出すのも、きれいにちゃんとしすぎるのも、全部かっこ悪いという時代をこの「廃墟」が象徴している。

高さ１００ｍの煙突がそびえる

ロンドンのテート・ギャラリーの近現代部門として開館したテート・モダンは、裸体や風景、静物、歴史といった主題ごとにまとめた常設展示でも知られる。テムズ川をはさみ、対岸のセント・ポール大聖堂と向かい合う。中央の旧煙突は高さ約１００メートル。

設計したヘルツォークとド・ムーロンはともに１９５０年、スイスのバーゼル生まれ。２００１年に、建築のノーベル賞といわれるプリツカー賞を受賞。代表作にドミナス・ワイナリー（97年、米国）や、プラダ・ブティック青山（03年、日本）などがある。

（上）巨大な吹き抜けは立体展示の可能性も広げた
（下）外観は発電所時代そのまま

◆テート・モダンの公式ウェブサイト（http://www.tate.org.uk/modern）に、建築の説明がある。また「ヘルツォーグ・アンド・ド・ムロン」（a+u臨時増刊号、エー・アンド・ユー）も詳しい。

奇智

大英博物館グレートコート

所在地◆ロンドン市グレート・ラッセル通り
完成年◆２０００年
建築家◆ノーマン・フォスター

【文】鈴木博之　【写真】松葉一清

最近の博物館はどこも見せ物小屋の様相を漂わすようになった。ものを見せる工夫が進歩してきて、どの博物館でもアッと驚く展示の連続がたのしめる。森閑とした知の殿堂だった時代が懐かしいなどというと、世代のずれを笑われるだけだ。ロンドンの大英博物館も、いまでは入り口付近がごった返しているのが常だ。けれどもここは、大昔から賑《にぎ》わっていたようにも思う。

大英博物館は大建築で、現在の建物が完成したときには世界最大の床面積を誇る建物だった。設計したのはロバート・スマーク。彼がこれを建てた19世紀半ばは、ヨーロッパで博物館が続々と新築されていた時期だった。そのなかでやはり大英博物館はリーダーでなければならなかった。けれどもスマークの設計は、おとなしくて物足りないという批判が当初からあった。

だからというわけではないのだが、１８５２年に完成した建物は、すぐに増築がはじまる。中央の中庭に丸い読書室がつくられたのだ。これは弟でやはり建築家のシドニー・スマークが設計した。円形の読書室は放射状に机が並び、周囲の壁面には書棚が取り巻いていた。天井はクラシックな大ドーム。マルクスが研究し、多くの日本人留学生も読書に励んだ大英図書館のリーディング・ルームの誕生である。

ここが最近、大英図書館の移転にともなって大改造された。円形の読書室を囲む中庭部分に屋根が架けられ、そのなかに昔の風情をとどめた円形読書室が鎮座するというかたちになったのである。この新しい中庭（グレートコート）の屋根は、さんさんと陽《ひ》の降り注ぐ複雑な曲面を描くガラス屋根だ。

今回の設計者はいまや英国の国民的建築家となっているノーマン・フォスター。彼はハイテクの旗手だが、歴史的な建築に新しい要素を付け加える仕事も数多く手がけている。ここでもわれわれは、古い建物と新しい要素がせめぎ合っているのを目にする。おまけに新しい部分は明るいので、自分が屋外にいるのか、室内にいるのか分からなくなるような気持ちになってくる。

増築に増築を重ねる結果が、リーディング・ルームを生み、ついでそれを外側から眺めるガラス張りの屋内を生じさせるという複雑なことになった。スマーク設計の博物館にもダイナミックな動きが出てきたという評判だ。使い回しながら、１００年以上かけて新しさと由緒を同居させる辺り、いかにも英国的な奇想である。

長い間、一般の人は入れず

内科医で自然学者のハンス・スローン（１６６０～１７５３）が収集した約８万点の標本、書籍、版画などをもとに、１７５３年、大英博物館は設立された。１８５２年、手狭になったために今の新古典主義の博物館が建てられ、57年、中庭に円形の読書室が作られた。この中庭には長らく一般の人は入れなかった。

フォスター（１９３５年生まれ）による、新しいグレートコートは約７０００平方メートルで、サッカー場ほどの大きさ。屋根には３３１２枚のガラスパネルを使用。読書室には、新しい企画展示室やレストランも併設されている。

（上）ガラス屋根の下、新装なった空間の中央に「読書室」が鎮座する
（下）知の殿堂らしいインテリア

◆大英博物館の公式ウェブサイト（http://www.thebritishmuseum.ac.uk）にグレートコートの説明が収められている。英語の著作に『Norman Foster and The British Museum』（Prestel社）がある。

奇智

オーストリア国立図書館

所在地◆ウィーン市1区ホーフブルク内
完成年◆1730年
建築家◆フィッシャー・フォン・エルラッハ

【文・写真】松葉一清

オーストリア

高さ30メートル近いドームの下、左手を腰にあて、右腕をのばした神聖ローマ帝国皇帝カール6世の石像がそびえている。神々の姿を描いたフレスコ画が天を覆うように展開し、空間は壮麗の極にある。暗さに目が慣れると、像を囲む曲面壁が革表紙の本で埋めつくされているのに気づく。

「えっ、これが図書館？」と思うのは、近代以降の常識にとらわれているためか。ウィーンの「オーストリア国立図書館」に足を踏み入れると、思い込みが音を立てて崩れていく。学問や知識は清貧と隣り合わせではなかったか。理知と豪華絢爛《けんらん》な空間は両立しうるのか。

バロック。語源は、一説にはポルトガル語のひずんだ真珠。均衡を欠いてまで躍動感と装飾性を求める姿を侮蔑する美術用語として登場した。18世紀初め、ハプスブルク家のホーフブルク（王宮）に出現した図書館は、バロックを代表する建築家エルラッハの手になる。空間は「知」と遠いところに位置するように思える。

だがカール6世の娘、女帝マリア・テレジアの治世に、オーストリアが国内の体制を一新した事跡を考えると、図書館がハプスブルク家あげての「知」へのパトロナージュだったことに気づく。権力者は軍事的な強権も振るったが、開明君主でもあった。

図書館の建築を命じたカール6世は、午前8時から正午まで市民に開放するにあたり、利用指針を示し、国民の知力向上を呼びかけた。

「愚か者、浮浪者、ゴシップ屋、怠け者は排除されるべきである。（中略）利用に対価は要らない。図書館に入ったときより、知的に豊かになって帰っていけば、何度でも戻ってくるだろう」

ヨーロッパの権力者の「知」への崇敬が読み取れる。ひずんで奇想的な空間が極まれば極まるほど、知識への敬意は強く託されていたと考えたい。

近代に至るまで「知」は、教会や皇帝、王の手にあった。パイプオルガンの演奏は「天の音楽」となって礼拝堂に降り注ぐが、それは「知」を掌握したうえでの緻密《ちみつ》な科学的な計算に基づき、ひとびとをひれ伏させる仕掛けだった。

その「知」をカール6世は、市民に開放する姿勢を示し、オーストリアは今も続く文化大国となっていく。現代の味気ない図書館で「知」の継承は可能か。地球規模の頭脳と呼ばれるインターネットの圧力もあり、近代が組み立てた「知」の危うさも実感する。

親子2代で完成、蔵書は３００万点

ヨハン・ベルンハルト・フィッシャー・フォン・エルラッハ（１６５６〜１７２３）は、イタリアで建築の修業を積んだあと、ウィーンを拠点に、シェーンブルン宮殿など数々の大建築を手がけた。壮麗さで指折りの図書館は、最晩年の作品。死後は息子のヨゼフ・エマヌエルが継承して、建築は１７２６年完成、30年に装飾を終えた。

図書館は、ウィーン都心のホーフブルク内に位置し、見学者にも公開されている。15世紀までの初期印刷物８０００点など貴重なコレクションと蔵書３００万点を誇る。

（上）フレスコ画の下、図書館の生みの親カール6世の像が君臨する
（下）蔵書をとりだすためのはしごを常備

◆オーストリア国立図書館のウェブサイト（http://www.onb.ac.at）はドイツ語中心だが、視覚的な仕掛けも施されている。エルラッハについては『「歴史的建築の構想」注解』（中村恵三編著）が中央公論美術出版から刊行されている。

奇智

ベルリン・ユダヤ博物館

所在地◆ベルリン市リンデン通り
完成年◆１９９９年
建築家◆ダニエル・リベスキンド

【文】隈研吾
【写真】フォルケ・ハンフェルト

「20世紀最後のモニュメント」と呼ばれた。「人類最後のモニュメント」という人すらいた。

なにしろ20世紀後半以降、モニュメントという存在自体への風当たりは強くなる一方である。どんな建立の理由、言い訳があろうと、しょせんモニュメントとは市民の暮らしの役にはたたない税金の無駄遣いに過ぎないという批判が、日本のみならず世界で渦まいている。

そんな逆風の中で、なぜこのモニュメントは許されたのか。ヒトラーによるユダヤ人の大虐殺という「理由」の重さには、誰も口出しできないからである。

しかし、実はそれでもこのモニュメントに異議を唱える人々もいた。「第2次大戦の犠牲者はユダヤ人だけではない」「政府はこの金を福祉に使え」。１９８９年の国際コンペで当選案が決まってからも、このプロジェクトはもめ続け、開館は２００１年9月13日。奇《く》しくも9・11の2日後であった。

逆風に抗しての実現は、建築家ダニエル・リベスキンドに負うところも大きかった。自身がポーランドのユダヤ系の生まれで、親族をホロコーストで失った彼の執念は、あらゆる障害を打ち破る力があった。

もちろん彼は普通の凡庸なモニュメントでよしとはしなかった。この建築は入り口がない。入場者はまず18世紀にたった、旧ベルリン博物館にはいる。その地下にもぐると、いつのまにやらユダヤ博物館に足を踏み入れていて、違う時空の中にタイムスリップする仕掛けなのである。

場内は迷路といっていい。無秩序にジグザグを描く廊下状の細長い空間が分岐を繰り返しながら延々と続く。ガス室への廊下のようで怖くなると訴える人もいる。

ユダヤ人のシンボルであるダビデの星の形をもとに、ベルリン市内のユダヤ人と関係の深い場所をめざして線をひいた結果が迷路になったと、リベスキンドは説明する。

この時空を超えた不思議な経験を求めて、世界中から人々が訪れ、博物館はベルリンで最も人気のあるスポットのひとつとなった。

ドイツはこの博物館を作る事によって、第2次大戦の清算に見事に成功したという意地悪な見方もある。モニュメントとは、過去の糾弾によって今の政府を守るための、賢い政権維持装置だというわけである。

逆に、日本は過去を糾弾する装置を作らずに来た。糾弾どころか、賛美するかに見える「靖国」すらある。驚くほどに二つのモニュメントは対照的である。

ドイツでの歴史的活動を紹介

ユダヤ博物館は、ホロコーストの悲劇をはじめ、ドイツにおけるユダヤ人の歴史的な活動を展示・紹介している。

ポーランド出身のリベスキンド（1946年生まれ）は、イスラエルで音楽を勉強した後、アメリカ、イギリスで建築を学んだ。9・11テロで破壊されたニューヨークの世界貿易センタービルを復興する国際コンペでは、彼の案が選ばれた。

作品はほかに、ドイツのフェリックス・ヌスバウム美術館（98年）やデンマークのユダヤ博物館（04年）など。富山県魚津市には屋外のオブジェ「アウトサイドライン」（97年）がある。

◆ベルリン・ユダヤ博物館のウェブサイト（http://www.juedisches-museum-berlin.de）のほか、建築家のリベスキンドのウェブサイト（http://www.daniel-libeskind.com）にも紹介がある。

（上）何度も折れ曲がった構成が迷路の仕立てを生み出す
（下）閉鎖的な空間が弾圧の歴史を体感させる
©Folke Hanfeld

奇智

クロイスターズ

所在地◆ニューヨーク市
フォート・トライオン・パーク
完成年◆１９３８年
建築家◆チャールズ・コレンズ

【文】鈴木博之　【写真】森口水翔

ニューヨークのマンハッタンをハーレムを越えてさらに北上すると、そこに忽然《こつぜん》と中世の修道院が現れる。メトロポリタン美術館の分館になっている「クロイスターズ」である。これはロマネスクの柱を並べた回廊が巡り、聖堂が連なる。これは本物の中世建築なのだ。けれど、なぜ中世建築なのだ。

アメリカは建国二百数十年なのに、中世の建築があるはずはないではないか。この疑問はもっともである。こたえはひとつしかない。ここにある中世建築はヨーロッパから運ばれてきたものなのだ。けれど、どうやって、なぜ……。かえって疑問は深まる。

この建物は彫刻家ジョージ・グレイ・バーナードが収集したものだった。彼は第1次世界大戦前のフランスで、古い修道院の建物やその部材を買いまくった。彼はそれをアメリカに持ち帰り、ニューヨークの自邸に組み立てていった。それはアメリカでセンセーションを起こすできごとだった。

後にこのコレクションは建造物や美術品の大コレクターとして知られる富豪ジョン・D・ロックフェラー・ジュニアに売却された。

ロックフェラー・ジュニアはそれを、マンハッタンの北のはずれに購入していた地所に組み立て直した。ハドソン川を見おろす高台の地である。全体をフォート・トライオン・パークという公園に整備し、自分の中世美術品のコレクションを加えて、メトロポリタン美術館に寄贈したのである。

組み立て直された中世建築群はクロイスターズ（修道院群）と名付けられて同美術館の分館になった。クロイスターズと複数形で呼ばれる通り、これはフランスの複数の修道院建築を組み合わせたものなのだ。

建物群は大きな中庭（これもクロイスターとよばれる）を囲んで組み合わされていて、よく見るといくつもチャペルがあり、全体の雰囲気は中世そのものである。中庭や周囲の庭園にはさまざまなハーブなどが植えられていて、これもクロイスターズの魅力である。２５０種類以上の植物があるという。だからここを訪ねる観光客の多くは、中世美術のファンや中世建築の研究家よりもガーデニング愛好家だという。

アメリカで中世建築に出合えるのは、美術愛好家のもたらした奇跡なのか、金にものをいわせた買収の結果なのか。場所を移され、パッチワークのように組み合わされた建物は、本物の中世建築といえるのか。ロマンチックなたたずまいのクロイスターズは、知的な謎を問いかけてくる。

（上）フランスの修道院から運んだ石で再構築したロマネスクの回廊
（下）墓石の並ぶゴシック礼拝堂

美術館分館として開館

設計を担当したチャールズ・コレンズ（１８７３〜１９５６）は、ニューヨークにあるゴシック様式のリバーサイド教会で知られる。バーナード（１８６３〜１９３８）のコレクションの宗教的性格にふさわしいデザインを求めて渡欧し、多数の中世建築を調査した。その結果、クロイスターズはバーナードが夢見た「ゴシックの精神を伝える中世美術館」として再生。

１９３８年にメトロポリタン美術館の分館として開館した。12〜15世紀を中心にした中世ヨーロッパの美術品約５０００点がステンドグラスに彩られた空間に展示されている。

◆メトロポリタン美術館編『The Cloisters』（英語）に建築と収蔵品の解説がある。写真も豊富。
同美術館の公式ウェブサイト（http://www.metmuseum.org）では、建物の平面図も見られる。

奇智

ウッドストックの音楽堂

所在地◆ニューヨーク州ウッドストック
完成年◆1916年
建設者◆ハービー・ホワイト ほか

【文・写真】藤森照信

「ウッドストック」といえば、ある世代には伝説の野外ロックコンサートである。1969年の夏、主催者側想定の数万人を超える50万人もの若者が集まり、ウッドストックの野原を埋めつくし、世界のヒッピー文化のピークを画した。

以上の説明には一つだけ誤りがあって、「ウッドストック」はウッドストックでは開かれていない。隣の郡の町ベセルで開かれた。当初、ウッドストックで計画したが、適当な用地がなかったり、住民の反対にあったりで、ずいぶん遠くになってしまった。

それなら、ベセル・フェスティバルとすればいいのにどうしてウッドストックの名にこだわったのか。

この謎を解く手がかりとなる1冊の本『Woodstock Handmade Houses』(74年)を、沖縄大学助教授の小野啓子さんからいただいた。そこには私好みのヘンな手作り建築が大量に登場する。見ずばなるまい。で、ニューヨークに長い建築史家の禅野靖司さんと出かけた。

ニューヨーク市から北へおよそ150キロ。森の中に、ウッドストックはあった。元ヒッピーのおじさんが経営する不動産屋に飛び込み、本を開いてうかがうとほぼ全滅だという。女子社員が、おわんを伏せて窓を開けたような小屋の写真を指さして「私、ここで育ちました。虹牧場といったの。でももう壊した」。

通りを、長髪にヒゲにジーパンの老人がゆっくり歩いている。今も、ヒッピー文化は生きているのだ。

でも60年代から急にそうなったのではないらしい。20世紀初頭、ニューヨークの若い音楽家や絵描きが住みつき、芸術家村をつくり、ニューヨークの芸術学生団体の夏季学校が開かれ、といったことが機縁になって、一風変わった性格の町が形成されてゆく。

当時は、そういう若者のことをボヘミアンといった。やがて、ヒッピーに変わり、ボブ・ディランも住みつく。ロックコンサートの会場は別の町になってしまったが、心はあくまでウッドストックなのである。

ヒッピー時代のものは全滅だったが、ボヘミアン時代のいのが一つ残っていた。芸術家コロニーの一つが1916年に建てた音楽堂である。壁に開く4連の出入り口の上部が中世のゴシック風にとがっている点に注目してほしい。当時のボヘミアンの芸術運動が、19世紀英国の工芸家ウィリアム・モリスの中世主義の影響下にあったことの証しなのである。

なお、今でもフェスティバルは開かれているが、ポスターを見たら、ロックではなかった。

（上）「芸術家村」の面影を残す、
木造のマーベリック音楽堂
（下）町の大通り。周囲は森と牧場

ケージの「4分33秒」初演

音楽堂の正式名称はマーベリック・コンサート・ホール。詩人・小説家のハービー・ホワイトを中心にしたマーベリック・コロニーの芸術家たちによって、手作りで建てられた。原生林から切り出した材木による壁面に、ガラス窓をはめこんだ仕立てが目を引く。

１９１６年に始まる「マーベリック・コンサート」は、夏の室内楽の音楽祭としては、米国最古をうたう。52年にはジョン・ケージの沈黙の曲「４分33秒」が初演され、世界の音楽界が騒然となった。

毎年、初夏から秋にかけて、多彩なプログラムがある。

◆コンサート・ホールの公式ウェブサイト（http://www.maverickconcerts.org）に音楽堂の歴史や公演情報がある。同地に日系人画家の美術館を創立した窪島誠一郎氏のエッセー『ウッドストックの森から』（西田書店）でも紹介。

奇智

屏山書院

所在地◆慶尚北道安東市豊川面
創建年◆1613年
建築家◆不詳

【文・写真】藤森照信

韓国

念願の書院巡りをした。いずれも期待にたがわぬすばらしさだったが、とりわけ安東《アンドン》市の17世紀初めの屏山《ピョンサン》書院には深い感銘を受けた。

洛東江《ナクトンガン》の清流を間にはさんで、一方には屏山と名づけられた岩山が屏風《びょうぶ》のようにそびえ、一方の斜面には書院の建築群が配されている。書院の建築群は斜面という立地を巧みに生かし、どこに立ってもどこに座しても、眼前には岩山を、眼下には清流を眺めることができる。そして、清流と岩山の上には秋の澄んだ青空が広がる。

かつて思弁の舞台だったその名も立教堂の粗い板敷きの床に座り、中庭をはさんで一段低い位置にある楼門ごしに屏山を眺めると、この景色のために楼門の建物が作られたのが分かる。柱だけの吹き抜けもいいが、横に長く長く伸び、端部でゆるやかに盛り上がる屋根の形も利いている。景色を屋根の上に載せるというか。

陶然と眺めていると、案内してくれた韓国建築に詳しい神奈川大学助教の冨井正憲さんが言った。

「楼門の棟の美しいカーブの上には丸い天（宇宙）が載っている、という説があるんです」

たしかに大きな大きな丸を感じる。でも、載っているのは太陽ではなくて、もうひとつの宇宙のシンボル、月にちがいない。建物も山と水の光景も、満月を待ち受けている風情なのである。楼門の名も晩対楼というし。

月の載る建物を紹介したい。

あまり知られていないはずだが、韓国には書院という日本にはないビルディングタイプ（建築類型）が、人里離れた田舎の山あいに隠れるようにしてひっそり建っている。

書院といっても、二条城の黒書院や白書院のように部屋の作りを指すのではなく、朝鮮王朝（1392〜1910）時代の学校と思ったらいい。それも政府の学校ではなくて、各地の在地勢力が設立して押し立てた私塾で、王から見るとうるさくて嫌な存在だった。書院に学んだ地方の人材が、科挙制度によって高級官僚に登用され、王の政治に口をはさんだり、地方ごとの勢力争いを繰り返したりしたからだ。

〝政〟と〝文〟が一致する朝鮮王朝において、〝政〟的には生臭い書院だったが、〝文〟的にはいちじるしく禁欲的、精神的で、俗塵《ぞくじん》を遠く離れた山あいにこもって、儒教を奉じ、天とは人とは理性とは何かと、思弁に明け暮れ、時には詩歌を吟じて感覚を周囲の自然に向けて解き放っていた。

儒学のための「学校」

朝鮮王朝には官立の教育機関として地方に郷校があった。これに対して、地方の儒学者らが設立したのが書院で、儒学の先賢らをまつった。16世紀半ばから建立され、徐々に全国に広まった。

屛山書院の来歴は複雑だ。別の場所にあった私的な教育施設を16世紀後半、現在地に移転。１６１３年に、著名な儒学者を追慕する尊徳祠《そんとくし》が建てられ、書院として創建された。楼門・晩対楼の名は杜甫の詩句にちなむとの説がある。19世紀半ばに書院撤廃令が出された後も存続した47カ所の一つ。

(上) 立教堂から見た晩対楼。向こうに屛山と洛東江を望む
(下) 晩対楼の吹き抜けの空間

◆『韓国の建築』(尹張燮著、西垣安比古訳、中央公論美術出版)の「儒教建築」の章に紹介がある。『書院』(韓国・悦話堂)は韓国語だが、写真が多く楽しめる。安東市のウェブサイト(http://www.andong.go.kr)の日本語のページに文化財の案内がある。

数奇

シュバルの理想宮

所在地◆ドローム県オートリーブ
完成年◆1912年
建設者◆フェルディナン・シュバル

【文】藤森照信
【写真】クロヴィス・プレヴォー

1879年というから明治の西南戦争の翌々年、フランス南部のブドウ畑しかないような片田舎の乾いた農道で、一人の郵便配達夫が石につまずいた。

郵便配達夫の名はフェルディナン・シュバル、齢《よわい》は43。つまずいた石は両手で抱えるほどの大きさで、ソロバン玉が重なったような珍しい形をしていた。なんで石の形状まで知っているかというと、見に行ったことがあるからだ。

その日から、その石から、シュバルは建物造りに目ざめ、毎日毎日、配達の途上で目をつけた大小の石を、仕事が終わるやいなや出かけて、ポケットいっぱい詰め、時にはカゴで、さらには手押し車で運び、家の庭先に一つひとつ積みはじめる。

奥さんもいたし、可愛い娘もいた。郵便配達の仕事もちゃんとやっていた。家族を愛し、仕事に励むよき村人でありながら、しかしそれ以外のすべての時間を、石拾いと石積みに費やした。ヘンな人ではなかったが、ヘンなことに夢中になってしまった。それも実に33年間休むことなく。

そして、1912年、明治最後の年、76歳の老人の石積みは終了した。

背をかがめて入るほどの入り口上部に「理想宮」と書かれているが、たしかに何かの理想か空想か妄想か濃い想《おも》いが込められているのはまちがいない。まちがいないけれど、その想いの正体がなんとも他人には分かりにくい。

いろんな造形が交じっている。こう思い出しただけでも、第1号のソロバン玉的石ばかりを突起させたコーナーがあったし、ヒンドゥー寺院かタイの仏教寺院か、そんな建物の造形も並べられていた。アフリカの原住民が帽子をかぶったような巨人像が3体あった。ヤシの樹《き》もあったし、てっぺんには青空を背にニワトリや動物や小人物が姿を見せる。

地下1階、地上2階、といっても普通の館くらいのボリュームしかないが、そのボリュームにびっしり取りつくあれやこれやの謎多き造形の表面には石がはめ込まれている。

シュバルが石につまずいた時の気持ちを推察するに、石に呼ばれた、と思ったんじゃあるまいか。石が人に声をかけたのだ。シュバルは、そういう石や草木のささやきを聞きとることのできる珍しい人だった。

現在、村の郵便局の前にはシュバルの小さな胸像が置かれているが、その顔つきをみると、ただ貧相、偏屈で、石や草木のささやきを聞きとれそうにも思えないのだが。

国も認めた郵便配達夫の偉業

建設当初は村人から変わり者扱いされていたシュバル（1836〜1924）だが、理想宮が当時の新聞などで取り上げられるにつれて訪問者も増え、晩年は案内のためのひとを雇うほどだったとされる。また、シュバルは亡くなった妻を理想宮に埋葬しようとしたが、村外れの立地だった理想宮の周囲に人家がたて込んでしまったために実現せず、村営墓地に、やはり奇怪な造形のシュバル家の墓をつくった。

国の重要建造物指定を求める動きに、当初、フランス政府の反応は鈍かったものの、アンドレ・マルローが文化相だった時期に指定を決めた。

（上）宮殿は拾った石をセメントで固めて造られた
（下）つまずいて、理想宮建築のきっかけとなった石
©Clovis Prévost

◆ウェブサイト（http://www.aricie.fr/facteur-cheval）には、パノラマ写真も収録されている。
書籍では、『郵便配達夫シュヴァルの理想宮』（岡谷公二著、河出書房新社）が刊行されている。

数奇

旧ムニエ・チョコレート工場

所在地◆マルヌ・ラ・バレ新都市ノワジエル
完成年◆1872年
建築家◆ジュール・ソニエ

【文・写真】松葉一清

パリの都心を離れて郊外電車で東に進むと、マルヌ川沿いに緑の大地が広がる。水量豊かな水辺、美しい陶器タイルをまとった建築が、狭くなった水路をまたぐように身を横たえる。

肌色を基調にしたあたたかみのある配色の外壁が水面に映り込んでつくりだす光景は、歴史的な水上都市ベネチアの一角と錯覚するほど魅力的だ。それが百数十年も前の工場施設だと知ると、驚きと称賛の思いはいっそう高まっていく。

現在はネスレ・フランスの本社となっている「旧ムニエ・チョコレート工場」。産業施設の中核となって、美をきわめているのは「粉ひき棟」だ。

粉ひきといってもチョコレートだから、素材はカカオ豆。製薬業で知られたムニエ一家は1825年、ここパリ東郊ノワジエルに土地を求め、カカオ豆をひいて財をなした。粉ひき棟の立地には古い水車小屋があり、それを見て工場建設を決心したという。

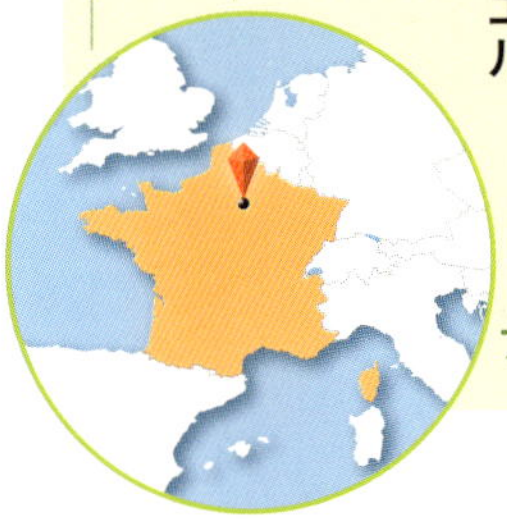
フランス

美しい粉ひき棟への建て替えに起用された建築家は、ジュール・ソニエ。彼は、水中に建つ4本の基礎のうえに鉄材の骨組みを構築し、工場に望まれる屋内の大空間を実現した。建築史上ではその構造が評価されるが、来訪者の目は金属の骨組みを埋めるれんが壁の美に向かう。

ちりばめられた陶器タイルには、カカオの花と実の図柄が配されている。もちろんこの建物にしか見られないオリジナルの表現。そこにソニエが構造体としてデザインした鋼棒の交差がつくるひしがたが重なるとき、美は単なる懐古ではなく、時代の先端とともにあったことを知る。

産業革命は都市に流入してきた工場労働者に過酷な住環境での居住を強いた。都市近郊の田園風景はぶしつけな生産施設の出現で崩壊の憂き目をみた。だがムニエのような資本家も存在した。工場施設のすべてを美しく仕立てたし、なにより共感を覚えるのは工場近接の広大な一帯に従業員のための住宅地を設けて労働者の理想郷を実現しようとしたところだ。

2戸で1棟の2階建てタウンハウス群は緑のなかで現役であり続けている。都市・労働問題の融和解決策として、19世紀にはユートピア思考の住宅開発が企てられた。ムニエもそこに名を連ねていたのである。

工場の美はそうした信念と無関係ではありえない。経済のグローバル化を旗印に、極度な効率優先ばかりが世界を覆ういま、近代資本家の逸話を昔語りにしてよいのかと考える。

改修も秀逸、美を競う建物群

ムニエのチョコレート工場は、施設を取得した世界的食品会社ネスレによって１９９０年代に保存・改修され、往時の姿をとどめながら、ネスレ・フランスの本社として、現代を生きている。

「粉ひき棟」をはじめ、「カテドラル」「パティオ」「お菓子屋」など個性的な名の建物が水路に面して華麗な姿を競う。「大胆な橋」と呼ばれる水路を渡る歩道橋も美しい。

ムニエ時代に敷設された鉄道の軌道の遺構が新たな施設に組み込まれ、デザインのポイントとなるなど改修も秀逸で、郊外オフィスに歴史の空間の豊かさを添えている。

（上）マルヌ川に浮かぶ「粉ひき棟」。カカオをあしらったタイルが美しい
（下）別棟のインテリア。改修も巧みで、個性的だ

◆ウェブサイトは Saga Menier (http://perso.wanadoo.fr/pone.lateb/index.html)。書籍『モダン・アーキテクチュア１　近代建築の黎明1851－1919』(エーディーエー・エディタ・トーキョー) に紹介がある。

数奇

パサージュ・ジュフロワ

所在地◆パリ市9区
完成年◆１８４７年
建築家◆フランソワ・デタイユール ほか

【文・写真】松葉一清

円形広場から放射状に大通りの広がるパリは、見るには美しいが、歩くには骨が折れる。90度に交差する四つ角が少なく、裏通りから裏通りへはいつも回り道。そうやって足に疲れを覚えたとき、パサージュに行きあたるとひと息つく。

街区を貫く通り抜けのアーケード商店街。パサージュの魅力は近道の便利さだけではない。ガラス屋根で濾過《ろか》された自然光とショーウインドーの人工照明とが相まった、美しい安寧が身を包む。壮麗ゆえに気の張る表通りから逃げ込める、息抜きの空間でもある。

オペラ座の東側にあたる街区では、パサージュの伝い歩きで相応な距離を移動できる。とりわけブールバール（大通り）を挟み、パノラマ、ジュフロワ、ベルドーの三つのパサージュが３５０メートルほど直線で連なるプロムナードは印象深い。

革命のすぐあとから現在に至るまでの2世紀にわたり、営々と続くパリの素顔に触れられるからだ。

古本屋でちょっといかがわしい本にも手を伸ばすおじさんたち。凱旋門やエッフェル塔をあしらった絵はがきや小ものをみつくろうおばさんたちが土産物屋に群れる。狭い通路にしつらえたテーブルで食事をとるのは、通好みを気取るカップルか。古びたホテルも、ろう人形の博物館もある。

花の都の日常と非日常が身の丈でごった煮になった魅力に、行きあわせた観光客も時間を忘れてたたずんでしまう。

ドイツの思想家ベンヤミン（１８９２〜１９４０）が、パリのパサージュについて膨大なメモを残している。

それによるとパサージュは、オペラ座周辺の混雑緩和と、人波をあてこんで既存の建物を利用しようとする投機的な発想から生まれたという。パリがナポレオン3世とセーヌ県知事オスマンの手で現在の姿に改造される前夜の話。19世紀に顕著になった都市への人口集中に対応する「苦しまぎれの奇手」としてパサージュは生を受けた。

ベンヤミンの構想したパサージュ論は、ナチスからの逃避行の途上、自ら命を絶って未完に終わった。１９３０年代半ばに著した概論「パリ——一九世紀の首都」は、パサージュから説き起こし、消費を近代以降の都市の主役と位置づけた。パサージュは、工業化社会があけすけな本性をあらわすと消滅してしまう「消費の夢」を象徴していた。現在のパサージュの好もしい時代遅れは、夢のなごりが受け継がれているからだろう。

パリに20カ所、個性保ち150年

パリに現存するパサージュは20カ所ほど。ルーブル美術館の北側に位置するパレ・ロワイヤルの近傍から、サン＝ドニ門に至る地区に集中している。ジュフロワのパサージュの呼称は、出資者の名からとられた。19世紀初期のものに比べると、全体に明るく、通風にも工夫が凝らされたという。

装飾がこまやかで美しいビエンヌ、ガラス屋根が屋内の辻で重なり合う長大なケールなど、パサージュはそれぞれが個性を保って150年以上を生きのびてきた。近年になって見直され、化粧直しに着手するところも出てきた。

（上）19世紀の消費の空間をそぞろ歩き
（下）ろう人形のグレバン博物館とホテルが隣り合う

◆ヴァルター・ベンヤミンの『パサージュ論』（岩波書店、全5巻）は概要を示す論文とパサージュとパリに関する資料、メモなどを収録する。パサージュのカラー写真を掲載するウェブサイト（http://www.parisinconnu.com）もある。

数奇

マジョルカ・ハウス

所在地◆ウィーン市6区
完成年◆1899年
建築家◆オットー・ワグナー

【文】藤森照信　【写真】松葉一清

いったい何という花なのか、ウィーンのアパートメントの窓辺に花が咲いている。それも、窓辺のテラスではなくて壁一面に咲いている。1本の蔓《つる》が、枝分かれしながら、窓や窓台やテラスなどの建築の造りにおかまいなく伸びて広がり、花を付けたように見える。これほど華やかな装飾の建物も珍しい。

咲いたのは１８９９年のこと。20世紀は目前。咲かせた建築家はオットー・ワグナーで、ウィーンの世紀末を養分にして育てた。スタイルは、世紀末ヨーロッパをおおったアール・ヌーボー。

どうして花だったのか。なぜ蔓に咲く花でなければならなかったのか。

19世紀の末、ヨーロッパの青年建築家は表現の革命に燃えていた。ギリシャ、ゴシックなどの過去のスタイルを繰り返す先輩たちの歴史主義建築を陳腐なものとして拒み、20世紀にふさわしい、新しい表現を求めた。建築家にとどまらず、家具やポスターのデザイナーたちも求めていた。

オーストリア

これまで人間が作った建築のなかに自分たちの求める真実がないと知った若者たちは、過去や異国といった外に探すことをやめ、目を人間の内部に向けた。自分の意識下に地下水のように溜《た》まる造形世界をおそるおそるのぞきこんだ。

花が見えた。生殖、成長、死、再生といった生命現象のしるしとして紅色の花が咲き乱れ、渦巻く蔓が伸びていた。

かくしてアール・ヌーボーは、生命のしるしとして、また新しい時代の造形は人間の内なる本質から生まれる証しとして、花と蔓で飾られることになる。そのもっとも分かりやすい例が、マジョルカ・ハウスと呼ばれるこの建物なのである。

そして、花から20世紀への道が開かれることになる。ワグナーを核にして、画家のクリムトや建築家、デザイナーが集まって、過去様式からの分離を目ざす「ウィーン分離派」が結成され、世界のデザイン革命運動の拠点となる。

蔓は幾筋も日本に伸びているが、その1本を紹介しておこう。ワグナーの愛《まな》弟子で分離派の中心となったヨーゼフ・ホフマンのもとでは上野伊三郎が学んでいたが、彼は、１９２６年、同門のフェリス・リックス（通称リチ）を伴って京都に帰ってくる。そして上野リチ夫人による花が日本に咲くことになるが、そのうちの一輪は、京都市立芸術大学芸術資料館収蔵の下絵に見ることができる。世紀末ウィーンの残り香を楽しめるだろう。

（上）花柄が世紀末ウィーンをしのばせる
（下）バルコニーも装飾にあふれる

外壁タイルが呼び名の由来

世紀末のウィーンで活躍したオットー・ワグナー（１８４１〜１９１８）は、同市の鉄道の駅舎のほか、郵便貯金局、アム・シュタインホーフ教会堂など多くの建築を手がけた。リンケ・ビーンツァイレ40番地に建てられた賃貸住宅は、マジョルカ焼きの外壁タイルからマジョルカ・ハウスと呼ばれている。花の種類については、ヒナゲシなどの説がある。隣接のメダリオン・ハウスも代表作として知られる。

上野伊三郎と結婚し、ウィーン分離派を日本に紹介したフェリス・リックスは、夫とともに京都市立美術大学（現・京都市立芸術大学）の教授を務めた。

◆建築家については『オットー・ワーグナー』（H・ゲレーツェッガー、M・パイントナー著、伊藤哲夫、衛藤信一訳、鹿島出版会）、『世紀末の中の近代　オットー・ワグナーの作品と手法』（越後島研一著、丸善）などに紹介がある。

数奇

サー・ジョン・ソーン博物館

所在地◆ロンドン市リンカーンズ・イン・フィールズ13番地
完成年◆1835年
建築家◆ジョン・ソーン

【文】鈴木博之　【写真】松葉一清

ロンドン随一の謎めいた館といえば、建築に詳しい人ならかなりの確率でサー・ジョン・ソーン博物館を挙げるだろう。建築家ジョン・ソーン（1753〜1837）の自邸だった建物である。

ロンドンの真ん中、リンカーンズ・イン・フィールズという広場に面したこの博物館の外見は何の変哲もない。第一、館というよりテラスハウスというタイプの、まったくの都心住宅の3軒分なのだ。けれどもソーンの家の部分だけ、中央に薄く白い石張りの部分があって、壁一枚張り出したようなスタイルになっている。何はともあれ、なかに入ってみるとよい。

建築家の自邸というのは、どれも建築的実験の集積のようなところがあって面白いものだが、これはすごい。裕福な建築家の自邸らしく、部屋は凝った造りだけれどそれが面白いだけではなく、凸面鏡が張ってあったり、思わぬところからトップライトを通じて光が落ちてきたりする。彼が作った建物の模型や、考古学的復元を行った遺跡の模型も置かれている。地下にはコレクションスペースがあって、自分で集めた遺跡の断片や彫像、壺《つぼ》やレリーフ、そして絵画がびっしりと飾られている。

ホガースの絵のコレクターとしても有名だったソーンは、そうした絵画を二重の壁に展示した。壁が開くとその奥にさらに別の壁が現れる仕組みである。地下と上階との吹き抜けも至るところにある。からくり屋敷としかいいようがない。地下中央には、エジプト王の棺まで置かれている。

ソーンは建築家として必要な資料を集めるうちにこのコレクションを形成し、それを収める家としてこの館を形成した。彼は建築の壁を二重にすることによって、建物に奥行きと、部屋どうしが入れ子細工のような不思議なつながりを生み出した。館の内部にも、壁と壁がスクリーンのように並んでいる。外観に現れている白い石張りの部分も、そうした二重の壁を生み出す装置なのだ。

ソーンはイングランド銀行の設計をした大建築家だが、その彼が19世紀の初めにこんな実験的で奇怪な館を建てているのを目にすると、建築家とは不思議な人種だと思わずにいられなくなる。彼の遺言でこの館は国家に寄贈され、そのままのすがたを保った博物館として公開されてきた。このとき彼は基金も遺贈したので、ソーン・メダルという設計賞ができた。この設計賞を得て日本にきたのがジョサイア・コンドルという明治建築の父である。

古典重んじたアカデミー教授

サー・ジョン・ソーンはイギリスのジョージ王朝時代に、古代のギリシャやローマの古典様式を尊重した建築を手がけた。れんが職人の家に生まれ、ロイヤル・アカデミーで建築を学んだ。奨学金を得て、イタリア留学、後に、母校の建築学教授となった。

ロンドン市内の自邸は買い増しされ、１８２４年に３軒の構成になった。妻に先立たれた後も、ひとりで住み続け、収集品を増やし、配置換えをしたという。現在、数千点もの収集品の展示のほかに、学生やアマチュアのための教育プログラムなども用意されている。

（上）ソーンの胸像［右端］が見つめる展示室
（下）曲線が美しい階段室

◆サー・ジョン・ソーン博物館のウェブサイトは http://www.soane.org。書籍では『磯崎新の建築談議 #11 サー・ジョン・ソーン美術館【19世紀】』（著者・磯崎新、写真・篠山紀信、六耀社）がある。

ツリーハウス

所在地◆シュロップシャー州ピッチフォード
完成年◆17世紀後半
建築家◆不詳

【文・写真】**藤森照信**

イギリス

ツリーハウスの歴史は古い。東南アジアやオセアニアでは昔から、外敵を避けるため樹上に住む習慣がある。外敵は消えても習慣は残り、少し前までニューギニア島では、なんと高さ50メートルのハウスが使われていた。NHKは40メートルのハウスを記録し放映した。興味深いことに、50メートルといえば古代の幻の出雲大社と同じ高さにあたる。また『日本書紀』は東国の蝦夷《えみし》について「冬は穴に宿《ね》、夏は樔《す》に住む」と記すが、樔はツリーハウスのことだろう。

いずれも古い起源を持つが、年代を特定できない。年代をあるていど押さえることのできるツリーハウスで、一番古いのはイギリスに残っている。どうして分かるかというと、1832年というから今から175年前、13歳の一人の少女が登ってディナーをとったからだ。ということはそれ以前からあったわけで、17世紀までさかのぼるという。

そんな話が向こうの本に出てきたが、「ピッチフォード・ホール」と呼ばれるお屋敷の中にあるとしか書いていない。ホールとは領主の館をさすが、有名ではないらしく、館建築ガイド本を見てもでてこない。そこでイギリス建築史に詳しい鈴木博之さんに調べてもらうと、バーミンガムの西はシュロップシャーの、シュルーズベリー駅南15キロにあると分かった。

で、9年前、出かけた。

純度100%のイギリス田園地帯で、古い門番小屋が野原にポツンとあるが門番はいない。入ってゆくと、カシの並木が続く。さらに進むとそう大きくもない木造の館が現れ、馬を引いた牧童が出てきた。来意を告げると主人が留守だからダメ。日本からきたというとあきれて、案内してくれた。

館の裏の小高い丘の上に立っていた。そう高くはないが、菩提樹《ぼだいじゅ》の巨木にやさしく包まれるような風情がすばらしい。1977年の大風で乗っていた大枝が折れてころげ落ち、今は鉄板で下支えしている。

建築のスタイルとしては木造のチューダー様式。中世に起源を持ち、たてを強調した柱や梁《はり》の間を白く塗るのが特徴。緑に包まれたブラック・アンド・ホワイトの美しさ。

登って、中をのぞく。広さは2メートル四方程度。窓の形はなんだか仏壇ふうだが、チューダーの尖頭《せんとう》アーチを楽しげに変形したもの。

中にはテーブル一つとイスが一つ。やがて5年後にわずか18歳で即位してビクトリア女王と呼ばれるはずの少女は、ここで一人で食事をした。窓の向こうには見渡すかぎり牧場と麦畑が広がっている。

英の歴史遺産、窓がユニーク

ピッチフォード・ホールの屋敷は、１５６０～７０年に建てられた。その後、１００メートルほど離れた場所にツリーハウス（樹上家屋）は造られた。オーク材で造られた床と優雅な意匠の窓が特徴だ。ふたつとも重要な歴史的建造物として、イングリッシュ・ヘリテージのリストに登録されている。

アジアやオセアニア地域で見られる樹上家屋の中には、高床式家屋の変種や、焼き畑の見張り小屋などもある。ニューギニア島のインドネシア領パプア地域（旧イリアン・ジャヤ）の森で、樹上に暮らすコンバイ族やコロワイ族などが有名だ。

（上）樹上の小屋はチューダー様式だ
（下）室内の窓は不思議な形

◆ツリーハウスは、ピッチフォード邸のウェブサイト（http://www.pitchfordestate.com）に紹介がある。また『ツリーハウス　だれもが欲しかった木の上の家』（ピーター・ネルソン著、本郷恭子訳、ワールドフォトプレス）にも触れられている。

数奇

カステル・コッホ

所在地◆ウェールズ、カーディフ市北郊
完成年◆1891年
建築家◆ウィリアム・バージェス

【文】鈴木博之　【写真】松葉一清

ヨーロッパ中世の城そのものの雰囲気なのだが、19世紀後半にその姿に作り上げられた城がある。ウェールズの都市カーディフからほど近い場所に建つカステル・コッホだ。城を造らせたのは第3代ビュート侯爵、城の設計をしたのは建築家ウィリアム・バージェス。

1848年に幼くして父から侯爵をついだ第3代ビュート侯爵は、同時に当時石炭積み出し港として繁栄していたカーディフの町の土地と、イギリス全土にまたがる広大な地所、そしてそこから得られる莫大《ばくだい》な収入も相続した。

当時世界一の金持ちとまでいわれた若きビュート侯爵は、歴史学、考古学、神秘主義、慈善事業、紋章学、神学などに旺盛な関心を寄せ、21カ国語に堪能であったとさえいわれる。しかも彼は中世の文化に浸ろうとする奇人だった。このビュート侯爵が心を許した友が、20歳年上の建築家ウィリアム・バージェスだった。

ふたりは本物の中世、いや、本物以上の中世を目指して建物をつくる。ビュート侯爵の居城というべきカーディフ城を大々的に改修し、中世の豪奢《ごうしゃ》を最大限に創造していった。それに飽き足らずに、カーディフ郊外にあったカステル・コッホの砦《とりで》を夢のような中世の城に変身させたのである。巨大な暖炉、高い天井、豊かな装飾……ここには夢の中世があった。

ビュート侯爵はカステル・コッホに友人たちを招いて高踏的な中世趣味を楽しみたかったらしい。けれどもこの小さな城には、客用寝室がつくれなかった。ここで晩餐《ばんさん》をしても帰りが大変だというので、あまり活用はできなかったらしい。しかしビュート侯爵にとっては、そんなことは大して重要ではなかった。彼は城を造れればよかったのだ。

侯爵のよき友であったバージェスも奇人だった。中世建築の膨大な知識を持ちつつ、彼は当時知られるようになった日本の芸術にも熱狂した。日本美術には真の中世精神が見られるとまで言った。その弟子で、日本にあこがれてやって来たのが、鹿鳴館の設計者ジョサイア・コンドルである。

先生のバージェスの方はロンドンに自邸を建て、その内部をカステル・コッホに劣らぬ装飾で満たした。この自邸には赤れんがの塔が付いていたのでタワーハウスといわれるが、彼の死後、この家を所有する人はみな金持ちで奇人である人ばかりで、イギリス人でも中を見せてもらった人は少ない。カステル・コッホが公開されていることは僥倖《ぎょうこう》なのだ。

緑の山中にたたずむ「赤い城」

カステル・コッホの起源は11世紀。ノルマン征服によって英国が混乱した時代に、砦が置かれた。名前はウェールズ語の「赤い城」。13世紀に建設された塔の石材の赤い砂岩から名づけられたらしい。14世紀初頭の内乱で被害をうけ、廃墟となっていた。

建築家バージェスはゴシック建築の熱烈な支持者。英国の建築界でゴシック回帰の機運が高まる中、1875年から改修に取りかかった。15年を超える大事業となり、彼は81年に死去。三つの塔を中心に、緑の山中に美しくたたずむ傑作の完成を見届けることはなかった。

（上）赤が室内を支配する宴会場
（下）塔や回廊が重なり合う中庭

◆城内を巡回できるウェブサイト（http://www.castellcoch.info）がある。英国の城を網羅したウェブサイト（http://www.castlexplorer.co.uk）も歴史解説や写真が豊富。

数奇

ワッツタワー

所在地◆ロサンゼルス市ワッツ地区
完成年◆１９４８年ごろ
建設者◆サイモン・ロディア

【文】藤森照信　【写真】二川幸夫

建築家ならざる素人が自力建設したヘンな建物についての情報は、世界中でよく発信されており、意外かもしれないが9割方は明らかになっている。そうした中でどれがナンバーワンかと問われれば、アメリカの「ワッツタワー」を選びたい。

素人が自分の建築的イメージを膨らませることはいつの時代にもあったが、いかんせん実現する技術がなかった。この壁を克服してくれたのが近代のセメントだった。砂と水を混ぜてこねれば泥が数日で石と化す魔法の粉。石でも焼き物でも鉄でも何でもくっつき、自由な造形が可能となる。

19世紀以後現在まで、日本をふくめ世界中の工作好きの素人が、この魔法の粉を使ってアレやコレやの個性的な建物を作ってゆくが、造形的には共通性があって、なぜかカタマリ的な姿になる。不定形のカタマリの表面に、石や陶片やガラス片などが装飾として取り付けられる。

しかし、いずれも建築的には難があって、どうしても重たくなるし、ゴテゴテし、萎縮《いしゅく》した感じは禁じえない。

ところがワッツタワーは例外で、セメントであれこれ張りつけているのに、全体の姿は伸びやかに軽快にかつ華やかにロサンゼルス郊外の青空に向かって展開する。

理由は、こうしたセメント活用素人手作り建築には珍しく、鉄骨を導入した点にある。軽量鉄骨を組み、その表面にセメントを使って陶片やビンのかけらやカキ殻を張りつけたのだ。

どうして鉄骨などという高度な技術が可能になったのか。

それは、これを独力で建てたサイモン・ロディア（１８７９～１９６５）の経歴にある。イタリア移民のロディアは、鉱山で左官として働いているが、鉱山職人の常として自分の専門以外の技術についても見よう見まねで身につけ、この程度の鉄骨はお手のものだったにちがいない。もちろんセメントの扱いはプロ。

貧しい職人のロディアは、１９２１年、貧しい人の多いワッツ地区に土地を購入し、現地の説明板によると、キリスト教布教のための塔付き集会所の建設に取りかかった。日雇い仕事のわずかな収入をつぎこみ、間に第2次大戦をはさんで、48年ごろ完成した。

しかし、完成後しばらくした54年、フッとどこかに消えてしまった。その後、ワッツタワーが世間の関心を呼ぶようになり、ロディア老人は探し出されるが、当の本人はこの傑作に何の未練も持っていなかったという。

荷重試験パス、保存運動広がる

三角地の先端に位置するワッツタワーの中心は、高さ約30メートルを筆頭とする三つの尖塔《せんとう》。敷地内には見晴らし台、数基の小塔、20点近い彫刻なども設置されている。ロディアが拾い集めた清涼飲料水のびんなどが装飾としてあしらわれている。

ロディアがワッツを去った後、ロサンゼルス市当局が「危険性」を理由に塔の撤去を命令。これに対して保存運動が広がり、1959年に安全性を確かめる荷重試験が行われたが、塔はびくともしなかった。

90年には米国のナショナル・ランドマーク（史跡）に認定された。

（上）細部は手作りらしい愛らしさにあふれる
（下）奇異な外観は現地の名物

◆英語のウェブサイト（http://www.kcet.org/lifeandtimes/arts）、日本のデザイン情報ウェブサイト（http://www.japandesign.ne.jp/HTM/REPORT/LA）に詳しい紹介がある。

数奇

ハースト城

所在地◆カリフォルニア州サン・シメオン市
完成年◆１９４７年
建築家◆ジュリア・モーガン

【文・写真】鈴木博之

オーソン・ウェルズの映画「市民ケーン」の主人公ケーンは、巨万の財をなしてフロリダにザナドゥという巨大な館を建てて住んでいる。俗物でありながら謎めいた彼は、最後に「バラの蕾《つぼみ》」という言葉を残して死ぬ。そこには彼の満たされなかった幼年時代の記憶が込められている。

この映画は当時の新聞王ウィリアム・ランドルフ・ハーストをモデルにしたといわれた。ハースト自身これを嫌って、上映を阻止するためにあらゆる圧力を用いたといわれる。けれども「市民ケーン」は名画として歴史に定着した。

ハーストとは誰なのか。彼は鉱山で財をなしたハースト家の一人息子として生まれ、若い頃から新聞経営に興味をもち、さまざまなメディアに進出して一代を築いた。ハースト系の新聞といえば、影響力はあるが品の悪いことで知られた。

彼は映画のなかのケーンと同じようにニューヨーク知事選挙に出馬し、ケーンと同じように落選している。そしてまた同じように巨大な館を建設した。

アメリカ西海岸サン・シメオンに建つハースト城と呼ばれる彼の大邸宅は、権勢の象徴であり、同時に彼の夢でもあった。ハーストの母親が援助し、女性としてはじめてパリのエコール・デ・ボザール（美術学校）の建築科に学んだ建築家ジュリア・モーガンが、ハーストの夢を託されて城の設計に当たった。彼女は１９１９年に依頼を受けて、翌年から約20年、毎週かかさずこの現場に通い詰めた。

ハースト城は本館と、山の館、太陽の館、海の館という3棟のゲストハウスからなる。そこには１６５の部屋、56の寝室、61の浴室、19の居間、図書室、屋内・屋外のプール、さらには象まで飼った動物小屋などが備えられていた。工事は47年までつづき、当時で５００万ドル近くの費用が注ぎ込まれた。

ハーストは20歳近く年下のコーラスガールだったミリセント・ウィルソンと結婚して5子をもうけたが、約20年後には別居して女優マリオン・デイビスを愛人にした。「市民ケーン」にはマリオンをモデルにした美女がむなしく館に暮らす様が描かれている。壮大で豪奢《ごうしゃ》で、その裏にむなしさと安っぽさが見え隠れし、それだけに一層派手な身ぶりを装っているハースト城は、富の本質を時代を超えて垣間見させてくれる。

女性建築家のパイオニアであるジュリア・モーガンはハーストの私生活からは超然として、黙々と彼の夢を実現してやりつづけた。

スキャンダラスな新聞王の館

父から「サンフランシスコ・エグザミナー」紙の経営を引き継いだハースト（１８６３～１９５１）は、買収などで全米的な新聞の系列を作った。色刷り漫画や過激な内容の記事といった大衆向けの編集姿勢が人気を呼んだ半面、イエロージャーナリズムと蔑まれもした。１９７４年には、ハーストの孫娘が不可解な誘拐事件に巻き込まれ、世界的なスキャンダルにもなった。

建築家のモーガン（１８７２～１９５７）は、ＹＷＣＡの集合住宅をはじめ大学キャンパスや会議場など、生涯に手がけた建築は７００以上に上った。

（上）過剰なまでの装飾は、歴史に対する米国のあこがれを物語る
（下）水面に芝居がかった建築が映る
〈Courtesy Hearst Castle®/California State Parks〉

◆ハースト城の公式ウェブサイト（http://www.hearstcastle.com）がある。またハーストの伝記として『新聞王ウィリアム・ランドルフ・ハーストの生涯』（デイヴィッド・ナソー著、井上廣美訳、日経BP社）が詳しい。

数奇

児島虎次郎邸茶室

所在地◆岡山県倉敷市酒津
完成年◆明治後期〜大正初期
建築家◆未詳

【文】藤森照信　【写真】松葉一清

日本

岡山県倉敷市の大原美術館で講演をした時、理事長の大原謙一郎さんに案内してもらい、画家・児島虎次郎邸の旧アトリエを見た。そもそも大原美術館は、昭和５（１９３０）年、虎次郎がヨーロッパで買い集めた名画を公開すべく、謙一郎さんの祖父の孫三郎が設立した日本最初の私立西洋美術館である。

高梁川のほとりの丘に、倉敷の甍《いらか》の町並みを遠く望んで「無為堂」と名づけられた旧アトリエはある。画家が自らデザインした、全身これ彫刻といったふうの奇妙な建物で、無為というより有為のカタマリ。

そのアトリエの後ろの高台に登ると、別種の驚きが待っていた。全身これガラス戸の茶室である。

この二つの〝新発見〟のうち、茶室を取り上げることに決めたはいいものの、どうも来歴が分からない。茶室としてもオカシイ。茶室はふつう閉鎖的に土壁で囲んで作るのに、この２間四方の８畳間ときたら、外周８間のうち土壁は１・５間で残りの６・５間は全面ガラスのスッポンポン。

犯人は誰か。再訪し、学芸員のサラ・デュルトさんに協力してもらって調べた。

虎次郎が美的に相反するアトリエと茶室を平気で両方作ったとすると、それはそれで面白いが、虎次郎の詳細な日記のどこにも茶室の件は出てこないし、そもそも虎次郎に茶の趣味はなかった。

虎次郎の伝記を読むと、大正２（１９１３）年、パトロンの孫三郎から大原家の別邸「無為村荘」を新婚生活用に貸し与えられているが、その時すでに茶室はあったようだ。新たに虎次郎が建てたアトリエ無為堂の名は無為村荘に由来するのである。それなら、名が体を表さないのも分かる。

虎次郎以前となると、犯人が一人しかいない。孫三郎は、裏千家に茶を習い、名物茶道具のコレクターとして今に名を残す。しかし裏千家の抹茶はガラスの中ではしない。

孫三郎の伝記に答えがあった。大正６年ごろ、「もう抹茶でなければ交際ができなくなった」と言って、裏千家に習い始めたというのである。「もう」と言うからには、それ以前は煎茶《せんちゃ》をやっていたに違いない。

明治に新勢力として隆盛した煎茶は、大正に入ると旧勢力の抹茶の巻き返しにあって衰退したと茶道史にあるが、ガラスの茶室が大正２年以前に煎茶席として作られたのなら、いちいち合点がいく。煎茶は型を嫌い、自由を旨とした。

透明なガラスの空間は有為というよりは無為に近い。無為村荘の名も、ガラスの茶室から来たのかもしれない。

大原孫三郎と信頼関係

児島虎次郎は１８８１年、岡山県下原村（現・高梁市成羽《なりわ》町）に生まれ、東京美術学校西洋画科選科に進んだ。倉敷の実業家・大原家の奨学生になったことから、１歳年長の大原孫三郎と生涯にわたる信頼と友情で結ばれた。ヨーロッパ留学後、西洋絵画収集の必要性を痛感。孫三郎の承諾を得て渡欧し、モネ「睡蓮」、エル・グレコ「受胎告知」などの名品を持ち帰った。

虎次郎は１９２９年に死去。翌年、その業績を記念して、大原美術館が開設された。同館のコレクションはその後、オリエント美術や中国古美術から日本の近現代美術にも広がった。

（上）邸宅の木立のなか、深いひさしに覆われたガラスの箱がある
（下）アトリエの瓦屋根を望む

◆伝記『児島虎次郎』（松岡智子・時任英人編著、山陽新聞社）がある。児島の作品は大原美術館（http://www.ohara.or.jp）の児島虎次郎記念館（倉敷アイビースクエア内）、岡山県高梁市の成羽町美術館（http://www.nariwa.ne.jp/museum）に所蔵されている。

数奇

耕三寺

所在地◆広島県尾道市瀬戸田町瀬戸田
完成年◆１９４１年（本堂）
建築家◆不詳

日本

【文】鈴木博之　【写真】松葉一清

　２００５年、タイのバンコク・エアウェイズというローカルな飛行機に乗ったら、年末に広島直行便を開設するというニュースが、機内誌に出ていた。その表紙には、満開の桜に囲まれた日本の寺院の堂塔の写真があしらわれている。唐破風のついた門、小ぶりの五重塔、大きな宝形の銅屋根、そして丹塗の堂……。どうもこれは広島の近く、瀬戸内海の生《い》口《くち》島の耕三寺《こうさんじ》らしいと気づいた。

「西の日光」とよばれる耕三寺は、初代住職が１９３５（昭和10）年に発願して建立を志し、以後昭和の時代を通じて営々として作られてきた寺院である。初代住職は戦前、大口径の鋼管製造に成功して財をなした技術者だった。母への供養のために寺院は建立されたのである。

　こうした物語は古代からしばしば見られるが、耕三寺は建物が違っている。伽藍《がらん》は全体が日本各地の寺院建築の写しでできているのである。

　中門は法隆寺中門の形式を採用しているし、小ぶりの五重塔は室生寺を参考にし、法宝蔵と僧宝蔵という建物は江戸時代の四天王寺の形式、耕三寺のハイライトとなっている唐破風つきの孝養門は日光陽明門の写し、大きな宝形の銅屋根をもつ至心殿と信楽殿は京都日野法界寺の阿弥陀堂、本堂は宇治の平等院鳳凰堂を参考にした形式といった具合である。

　住職の専門が鉄管だったから、鉄も多用して、かなり自由な写しが試みられている。ここにはまじめなオリジナル志向が無いではないかと文句を言うひとがいるかもしれない。むかし、歌人の吉井勇が「観光か、信仰か、いずれともあれ」と耕三寺を評したくらいだから、俗っぽい寺だという評判ははじめからあった。

　けれども有名建築を「写す」という手法は、これはこれで伝統的な行為でもある。日本各地にある「小京都」というのは、現実に京都を「写す」という意識で作られた町であることがしばしばだし、有名な茶室のすがたを「写す」という試みも各地で行われている。新しく作られるものはオリジナルでなければならないという考え自体、近代特有の発想なのだ。

　結果として生じた耕三寺は、日本の風情を集大成した景観を構成することになって、外国の航空会社が広島直行便をはじめるときに、広島観光のイメージとして採用されることになったのだろう。

　ここから「写し」という手法にまで思いを馳《は》せてもらえるなら、けっこう深い日本の美意識に到達できるのではないかしら……。

母のため、実業家が建立

耕三寺は山号を潮聲山《ちょうせいざん》といい、大阪で成功した実業家の耕三寺耕三《こうぞう》（１８９１～１９７０）が、両親の故郷である生口島に建てた。

１９４１年に本堂まで完成した後も、さまざまな堂塔を増やし、発願から30年以上を経た68年に、現在の姿になった。寺域は約１万５０００坪ある。

耕三は仏教芸術を見せることで、仏の教えを広げようと考えた。現在、金剛館などが博物館施設となっており、重要文化財19点を含む約２０００点を収蔵。母親のために建てた洋館併設の書院造の大邸宅「潮聲閣」を飾った美術品のコレクションが核となっている。

（上）孝養門の手本は陽明門
（下）宇治の平等院鳳凰堂の様式にならった本堂

◆耕三寺のウェブサイト（http://www.kousanji.or.jp）に、寺の来歴や堂塔、博物館の紹介がある。生口島へは尾道港や三原港、三原須波港からの渡船がある。尾道と今治を結ぶ「しまなみ海道」を経由すれば、車でも行ける。

神奇

聖ワシリー聖堂

所在地◆モスクワ市赤の広場
完成年◆１５６１年
建築家◆ポストニク・ヤコブレフ、バルマ

【文・写真】山盛英司

モスクワ「赤の広場」。その一角に聖ワシリー聖堂は立っている。大小九つの聖堂が集まり、てっぺんにはネギ坊主と呼ばれるロシア正教独特のドームをのせている。まるで、おとぎ話に登場する城のようだ。

あまりの美しさに、建築を命じたイワン雷帝は、これ以上美しい建物を造れないよう、建築家の両目をくりぬいたという。いや殺したという説もある。

皇帝の絶大な権力を象徴する作り話らしい。時に、残酷さは美を際だたせるものだが、この聖堂の姿は、ロシアの政治や戦争といった生々しい出来事と切り離すことが出来ない。

ロシアは15世紀末に、タタールによる支配を脱したものの、脅威は消えなかった。そこに現れたのがイワン雷帝だ。１５５２年、カザニ・ハン国を撃破。ロシアの領土回復と膨張の端緒を開いた。

その勝利を神に感謝して建てたのが、この聖堂だ。中央の大聖堂と八つの聖堂は、キリスト教の祝日とカザニでの勝利を象徴したものだという。聖堂が寄り添う姿は、雷帝が望んだ、モスクワを中心に諸国がまとまる新しい国のかたちのようにもみえる。

悲惨な伝説の当事者である建築家は、ポストニク・ヤコブレフとバルマの二人組。だが、同一人物説もあり、その実像は不明だ。

建設当初は極彩色ではなかったらしい。増改築や修復を経て、現在の姿になった。ただ基本は、ロシアの伝統的な様式に、ビザンチンの要素を掛け合わせている。さらに『ロシア建築案内』の著者で建築家のリシャット・ムラギルディンさんは「タタール占領時代を経たため、オリエンタルの影響も強い」とみる。西と東の文化の衝突と融合が、夢のような建物を産み落としたのだ。

20世紀、政治によって宗教が否定されると、聖堂は博物館になった。

４００円ほどの入館料を払って聖堂の中に入った。狭い回廊を抜けると、聖像画が描かれた大きな壁のある空間が開けた。手前のいすにロシア人カップルが肩を寄せて座っていた。

壁の外は勇壮な軍事パレードで知られる赤の広場。その奥は政治の中枢クレムリン。5世紀近く、政変や革命を見てきた聖堂だが、激動の歴史が夢物語でもあるかのように穏やかだ。

ロシアの人々がこの建物を大切にしてきたのは、俗世界の出来事をひととき、おとぎ話に変えてくれる不思議な力を、感じてきたからに違いない。

屋根のモチーフ、神か精霊か

聖ワシリー聖堂は、正式名は聖母のとりなしを意味するポクロフスキー大聖堂だ。聖堂の立つ場所に、聖なる愚者として民衆から尊敬を集めたワシリー・ブラジェンヌイが埋葬されていたことから、広く愛称で呼ばれるようになった。場所がクレムリンの内側ではなく、民衆が集まる広場が選ばれたことも、民衆に愛されてきた理由のひとつだ。

ネギ坊主の形の円屋根は、オニオンドームとも呼ばれ、神の存在を火の玉として表したとも、精霊の活動を炎で表したともいわれる。雪を積もりにくくするためという機能説もある。

（上）赤の広場からみた聖ワシリー聖堂。西と東の文化が出合った結晶だ
（下）中央の大聖堂の中のイコンの壁

◆聖ワシリー聖堂の紹介ウェブサイトは、http://www.museum.ru/m338がある。ロシアの教会については、建築家の内井昭蔵による『ロシアビザンチン　黄金の環を訪ねて』（丸善）がある。

神奇

キージ島の教会

所在地◆カレリア共和国 ペトロザボーツク市郊外
完成年◆18～19世紀
建築家◆不詳

【文・写真】藤森照信

北緯60度を超えた極北の地にこの教会はたっている。サンクトペテルブルクの北東約３００キロにオネガ湖と呼ばれる、日本の大きめの県ほどの面積を持つ湖があって、その中の群島の一つキージ島にたっている。

「キージ」とは「祭場」の意味で、キリスト教伝来以前から、自然信仰の聖なる島だった。群島に住む人びとはわずかな草地で牛を飼い、やせ地を耕してライ麦を植え、湖で魚を捕って暮らしてきた。見渡せど森と水ばかりの極北の地で、心の安らぎといえば、家族と神への祈りだった。

雪氷に閉ざされる冬の間は、群島に点在する各集落用の小さな教会に通い、氷が解けるとキージ島に集まって祈りをささげる。夏の教会だった。

ネギ坊主のようなドームがいくつも載るロシア正教会で、ドームは神のまします天上界を象徴するもので元々は一つだった。それが、東方正教会の聖地コンスタンチノープル（現・イスタンブール）を出てロシアの大地を北に進むにつれて数が増え、キージ島についた頃には22にも増えていた。

どうしてキージ島だけに高さ37メートルもの大木造教会があるのかと聞いたら、ロシアにはこうした大教会が各地にたくさんあったが、モンゴルに支配された13～15世紀の「タタールの軛《くびき》」時代にほとんど壊され、キージ島は幸い遠すぎて軛が及ばなかったとのこと。

写真右のプレオブラジェンスカヤ教会と同左のポクロフスカヤ教会は何度かの改築の後、18世紀に、中央の鐘楼は19世紀に、それぞれ現在の姿に造られた。以後、老朽化すれば解体し再建している。

現在のプレオブラジェンスカヤ教会は１９５７年に再建され、半世紀しかたっていないが、私の目にも老朽化は明らかで、ログ（丸太）の壁体の一部は腐ってゆがみ、補強材を取りつけている。

中の様子がどうなっているのか、技術的にも表現上も興味深いが、近寄らせてくれない。構造的にそうとう危ない段階に入っているのだろう。

あれこれ危なくとも、やはりすべてが木というのはすばらしい。壁体には松のログが積まれ、屋根にはポプラのシングル（こけら）が葺《ふ》かれ、さらに十字架までが木製なのだ。ポプラが選ばれたのは、風雪にさらされると銀色に輝くことを承知してにちがいない。

元々は自然信仰の聖地なのだから、防腐剤など塗ることなく、老朽→解体→再建のサイクルを50年に一度繰り返せばいい。伊勢神宮は20年に一度。

（上）中央の鐘楼をはさんで二つの教会がたつ
（下）近くの島の木造民家

野外博物館として整備

16世紀半ばのキージ島には、すでに二つの教会建築があったといわれる。プレオブラジェンスカヤ教会は17世紀末に落雷で焼失したが、1714年に再建され、現在の姿になった。高さ約27メートルとやや小ぶりなポクロフスカヤ教会は1764年、暖房設備を備えた「冬の教会」として再建。1874年再建の鐘楼も含めて「キージ島のアンサンブル」と呼ばれ、ロシアの伝統的木造建築の粋を示している。

1950年代以降、周辺には民家や風車などの木造建築がロシア各地から移築され、一帯は野外博物館として整備された。90年に世界遺産に登録。

◆キージ島の木造建築の紹介や保存の経緯などを記録した野外博物館の公式ウェブサイト（http://kizhi.karelia.ru）がある。『木の家』（建築資料研究社）は教会建築の写真が豊富。『ロシア建築案内』（リシャット・ムラギルディン著、TOTO出版）でも紹介。

神奇

サンタンジェロ城

所在地◆ローマ市テベレ河畔
完成年◆１３９年（原形）
創設者◆ハドリアヌス帝

【文・写真】松葉一清

ヨーロッパの大都市の多くが19世紀の都市計画に基づく骨格を持つなか、ローマの成り立ちは特異だ。ムソリーニ時代に歴史的街区に「外科手術」を施そうと試みたが、実現したのはごく一部。古代からの遺産の積層に数百万人が日々をおくる。人いきれのなか、いわば歴史の澱《おり》を伝い歩きするのがローマ見物であり、そのうち息がつまってくる。

テベレ川のほとりにたつ「サンタンジェロ城」に行き着き、視界が解放されると一息つく。頂部、そして城に直結する橋の欄干にも、サンタンジェロ（聖天使）の名の通り、羽のはえた天使像が配されている。

観光冊子が川越しの姿をしばしば採用するのは、青空を背景とする天使の姿が南欧の古都への期待を満たすからだ。高さ50メートルに迫るテラスは、市街地とバチカンのパノラマを一望できる絶好のロケーションも手伝って、ひとを集める。

だが、その快感を期待して城内に足を踏み入れた瞬間、暗闇の中で、歴史の重圧がのしかかる。テラスへは、円筒形の建物を巻くようにつくられた全長１００メートルを超えるスロープを上る。その足元は危ういほど暗い。

冒険系のＲＰＧ（ロールプレイングゲーム）ソフトの制作者が好むダンジョン（地下牢《ろう》）のイメージそのもの。その暗さこそ、ローマのひとびとがサンタンジェロ城に抱き続けたイメージなのだと再認識する。

歴代ローマ皇帝が眠り、教皇が立てこもる要塞《ようさい》になり、軍の監獄に転用された経緯。千数百年を超す歳月の様式が重なりあい、秘密の通路もほうぼうにある。ここを舞台に選んだプッチーニのオペラ「トスカ」（１９００年初演）が陰惨な結末を迎えるのは、蓄積された歴史の重圧ゆえかとさえ思える。

歌姫トスカの恋人の画家カバラドッシは、横恋慕した警視総監の悪だくみで城内に連行され、テラスで銃殺刑に処せられる。悲嘆したトスカがテラスから身投げし、物語は幕を閉じる。

19世紀末のイタリアオペラはベリズモ（真実主義）に傾き、10分ほどの徒歩圏に位置する現存の3カ所が3幕の場となった。恋のさやあてはサンタンドレア・デッラ・バッレ教会、死刑宣告と、言い寄る警視総監がトスカに刺殺されるのがファルネーゼ宮、そして結末のサンタンジェロ城へ。それらしい場で起きそうな、それらしい話で物語は綴《つづ》られたのである。

文化的文脈の息の長さに舌をまき、敬意を抱く。やはりローマは一日にしてならずだ。

ハドリアヌス帝一族の墓所

テベレ川越し東南の方角にローマ市街地を望み、西にバチカンを控える「サンタンジェロ城」は、皇帝ハドリアヌス一族の墓所として139年に建設された。

天使（アンジェロ）の名を冠するのは、剣を鞘《さや》に収める天使の出現でペストの流行がやんだのをたたえて、6世紀末に教皇グレゴリウス1世が礼拝堂を増築した故事による。頂上の大天使ミカエルはそのしぐさをかたどる。

テベレ川にかかる橋上で来訪者を迎える天使像の彫刻は、バロック期のベルニーニによる。それを前景に記念写真を撮るのは、ローマ観光の定番だ。

（上）天使が見守る歴史の城郭
（下）内部の通路に光が差し込む

◆城内の博物館の公式ウェブサイト（http://www.castelsantangelo.com）は建築や収蔵物の写真を収める。画家役で若き日のプラシド・ドミンゴが登場する映画版「トスカ」（76年、DVDはUCBG1104）は、サンタンジェロ城など現地ロケで構成されている。

神奇

ゴルのスターブ教会

所在地◆オスロ市
ビグドイ・ミュゼウムスバイエン
完成年◆1200年ごろ
建築家◆不詳
【文・写真】藤森照信

バイキングの子孫たちの作ったキリスト教会がある。

11世紀、スカンディナビア半島から海に乗り出したバイキングは、ヨーロッパ全域を荒らしまくった。地中海の最深部のコンスタンチノープル（現・イスタンブール）まで侵入し、当時、同地とローマに本拠地を置いたキリスト教世界を震えあがらせているが、12世紀に入ると、一転し、キリスト教を受け入れるようになる。

キリスト教がじわじわと北上を開始し、北ヨーロッパの深い森を分け入り、冷たい海を渡り、スカンディナビア半島のフィヨルドの奥まで届いたのである。

そこで、ノルウェーのバイキングの子孫たちは、一風変わった教会建築を作りあげる。およそヨーロッパの教会といえば、石や煉瓦《れんが》で作るのが習いなのに、木を使った。木の柱を立てた。こうして作られた木造教会のことを、「スターブ教会」と言う。

スターブとは木の支柱をさす。訳せば、「木の柱教会」となるが、木造建築が木の柱を使うのは当たりまえで、どうしてこんな回りくどい言い方をするのか、と日本人は考える。

バイキングの子孫たちはそうは考えなかった。思うにそれまでノルウェーでは、建物を作るのに木の柱など立てる発想は乏しかった。木は立てるものではなく、寝かすものだった。地面に横にして置き、次々に重ねながら、端部を組み合わせてログハウスとする。

構造上、低くしか作れないログハウスの伝統が根強いところに（日本のログハウスも近年まで2階建ては許されていなかった）、神のまします天を目ざして伸びあがるキリスト教会を作らなければならない。そこはそれ、海賊時代の木造外洋船で鍛えられた大工技術を駆使し、寝た木を起こすことに成功し、わざわざ「木の柱教会」と呼ぶようになった。

はじめて出合うとこれがキリスト教会かと疑わしいが、よく見ると十字架がのっている。さらによく見ると怪鳥の飾りがあり、横からでないと分からないが上の方にはドラゴンが突き出している。怪鳥もドラゴンも、バイキングの自然信仰（アニミズム）の名残。

スターブ教会は現在、ノルウェー全体でも数えるほどしか残っていないが、作られたのが日本でいうと平安時代から鎌倉時代にかけてなのだから、よくぞ残った。私の知るかぎりでは、ヨーロッパ現存最古の木造建築群にちがいない。ヨーロッパの法隆寺なのである。

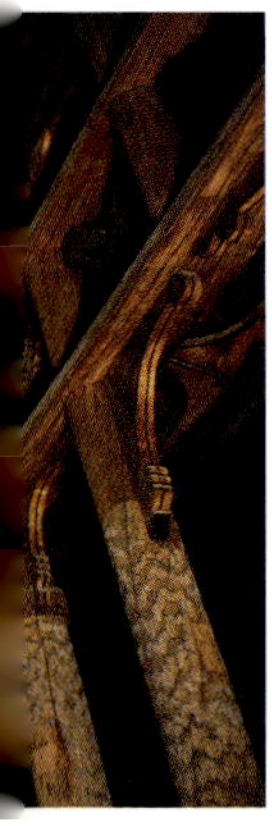

くぎ使わず、礎石の上に木の支柱

北欧独特の建築とされるスターブ教会は、主に12世紀から14世紀にかけて建てられた。かつては１０００棟ほどあったが、現在は約30棟に減った。19世紀から保存が進められ、１９７９年に、ノルウェー南部ウルネスのスターブ教会（12世紀ごろ）が世界遺産に指定されている。建築技法としては、くぎを使わず、腐食を避けるために礎石を置き、その上に木の支柱を立てて作る点などが特徴だ。

ゴルのスターブ教会は、オスロの北西の街ゴルにあったが、１８８０年代に現在、ノルウェー民俗博物館のある地に移築された。同館では、１５０棟以上の歴史建築が野外展示されている。

（上）木造外洋船の技術を発展させて背の高い教会を実現した
（下）すべてが木で構築されたインテリア

◆ゴルのスターブ教会についてはノルウェー民俗博物館のウェブサイト（http://www.norskfolkemuseum.no）がある。また駐日ノルウェー王国大使館のウェブサイト（http://www.norway.or.jp）でもスターブ教会が紹介されている。

神奇

聖ミハエラ教会

所在地◆リュブリャナ市チェルナバス
完成年◆１９３９年
建築家◆ヨジェ・プレチニック

【文・写真】藤森照信

スロベニア

はじめてウィーンに出かけ、ガイドブックを手にウィーン分離派巡りをしていた時、建築年が間違いではないかと疑われる建物があった。ツァッヘル・ハウス（１９０５年）という大きなビルで、壁は現代の金属パネルのようにスッキリと仕上げられ（後で調べたら御影石だったが）、とても１００年前のアール・ヌーボーには見えない。戦後の改修かと目をこらしても後から取り付けたふうでもない。

これが謎の建築家プレチニックとの出会いとなる。あわてて調べると、なかなかの経歴で、ウィーン分離派の中心人物オットー・ワグナー（１００〜１０１頁で紹介したマジョルカ・ハウスの建築家）のアトリエで中心的に働き、独立後ツァッヘル・ハウスほかのいっぷう変わったデザインを残している。しかし、そこから先が霧に包まれてしまう。20世紀建築の表舞台ウィーンから姿をくらました。

印象的な作品を残して姿をくらましてから、ヨーロッパはいろいろあった。第2次大戦があり、東西の冷戦があり、そして社会主義陣営の崩壊があった。１９５７年に亡くなるプレチニックの後半生を包んだのは社会主義陣営の濃すぎる霧だった。

彼はツァッヘル・ハウスの6年後、プラハに招かれる。10年仕事をした後、母国に帰る。当時はユーゴスラビア。社会主義崩壊後、91年に独立してスロベニアとなった。プラハ以降が濃い霧に包まれたのである。霧が晴れたのは没後30年ほどしてからだった。

イタリアから列車で首都リュブリャナに入り、駅前で小さなホテルを探し、女主人に、この国には昔、かくかくの建築家がいたはずだがとたずねると、抱きつかんばかりに大喜びし、レジから新札を出して見せてくれた。そこには謎の建築家がいた。

スロベニアに帰り、以後、間に第2次大戦と社会主義化をはさんで57年に亡くなるまで、スロベニアを代表する建築家、都市計画家として、教会、大学、市場、広場、橋までも作り、活躍していたのである。

母国に残したたくさんの仕事のうち、私好みの一作を紹介しよう。39年の聖ミハエラ教会である。帰国してからも、なぜか主流からズレてしまうデザインは健在だった。教会の正面入り口に厚い壁が独立して立ち上がり、アーチがいくつも口をあけ、壁から突き出す階段をアーチをくぐりながら上ってゆくと、鐘がある。教会内部は木造で、土俗的な雰囲気が漂う。

特徴は長いスロープと鐘楼

リュブリャナ生まれのヨジェ・プレチニック（1872〜1957）は、後半生を過ごした故郷の街に、「三本橋」や「竜の橋」「国立大学図書館」「ティボリ公園」「中央市場」など多くの作品を残した。帰国後、兄弟らと住み、その後増改築した家は現在、建築博物館となり、遺品などが収められている。

聖ミハエラ教会は、1937年から建築が始められた。石やれんがが、木などで作られており、長いスロープと、中央の鐘楼が特徴だ。建築にあたって、プレチニックの多くの親族が、資金集めなどに協力したという。

（上）アーチの空洞が重なる鐘楼に迎えられる
（下）木の肌が土着的な印象を与える

◆リュブリャナ市のウェブサイト（http://www.ljubljana.si）にプレチニックの生涯や建築が紹介されている。

神奇

クリスチャン・サイエンス派第1教会バークリー

所在地◆カリフォルニア州バークリー市
完成年◆１９１０年
建築家◆バーナード・ラルフ・メイベック

【文】鈴木博之　【写真】二川幸夫

アメリカ

アメリカ西海岸、バークリーの町に建つこの教会のなかに足を踏み入れると、アッと驚く光景が広がる。

教会は祭壇に向かって奥行きのある空間が作られるのがふつうなのだが、ここにはほぼ正方形の空間が広がり、その上を斜めに対角線上を巨大な木造の梁《はり》が横切る。梁といっても木材を梯子《はしご》のように組み合わせたダイナミックなもので、そこに豊かな彩色と装飾が施されている。細部の装飾は寓意《ぐうい》に満ちて謎めいて見える。

装飾を見れば、この教会が中世ゴシック様式のモチーフを使って設計されていることはすぐに分かる。ゴシック様式がさかんに使われたのは欧米では19世紀のことで、これをゴシック・リバイバルの建築と呼んでいる。

そうするとこの建築もゴシック・リバイバルの教会ということなのだろうか。様式的に見るならば無論その通りということになる。

けれども教会のなかを歩き回ってよく見ると、巨大な梁を支えている太い4本の柱はコンクリート造りなのだ。ゴシック風の窓の桟も、コンクリート製だと気づく。教会の外側の壁も、コンクリート・パネルがはめ込まれているのだ。コンクリート造りと木造が混合されているのがこの教会である。

教会が建てられたのは１９１０年のことである。この時期、すでにヨーロッパではゴシック・リバイバルの盛りは過ぎ、そのあとに流行した装飾豊かなアール・ヌーボーのデザインも潮が引くように消えてしまっていた。

これは遅れてきたゴシック・リバイバルなのか、アメリカの田舎教会なのか。けれども実はコンクリートの柱は換気のためのシャフトでもあったり、対角線上を走る梁の構造はそれまで見られないほど斬新だったり、無謀とも思われるほどの新しさもある。これは近代的材料と構造を駆使した野心的教会でもあるのだ。

時代を超越したデザインを生み出したのは建築家バーナード・ラルフ・メイベック。アメリカ西海岸における本格的建築家のパイオニアだ。彼はパリのエコール・デ・ボザール（美術学校）に学んだ建築家で、あらゆる様式に通じた折衷的作風で知られた。ゴシックも十分にこなせる力をもっていた。

同時に彼は材料や構造に新機軸を込めた。彼の父も、母方の祖父もエンジニアだったことが影響しているというひともいる。古くて新しい建築を作れるということは、並々ならぬ才能なのかもしれない。

（上）さまざまな歴史的な建築様式を折衷させた内部
（下）正面にはガラスを多用

国の史跡に指定

ニューヨークで生まれたメイベック（1862〜1957）は、パリで建築を学んで帰国した後は、主にサンフランシスコを中心に活動した。

教師として建築を教えてもいたカリフォルニア大学に、「教員クラブ」（1902年）を設計したほか、サンフランシスコで開かれた「パナマ運河記念太平洋万国博」で、「ファイン・アート・パレス」（15年）を手がけている。

51年、長年の建築界への貢献からアメリカ建築家協会（AIA）のゴールドメダルを受賞。クリスチャン・サイエンス派第1教会バークリーは77年、国の史跡に指定されている。

◆クリスチャン・サイエンス派第１教会バークリーの公式ウェブサイト（http://www.1stchurchberkeley.org）に建物についての紹介がある。また、メイベックの活動については、彼の名を冠した財団のウェブサイト（http://www.maybeck.org）が詳しい。

神奇

ファットジェム大聖堂

所在地◆ニンビン省ファットジェム
完成年◆1891年
建築家◆チャン・ルック

【文】藤森照信　【写真】梅津禎三

ベトナム

「これではまるで唐招提寺ではないか」

いくらベトナムとはいえ、キリスト教の大聖堂のなかで木の丸太柱が林立する光景に出合おうとは。

はじめてハノイに出かけたのは20年ほど前、まだベトナム戦争の傷跡もいえない頃、近代建築（欧米の影響を受けた19～20世紀建築）遺産の調査に入り、先行研究が皆無のなかで調査をスタートさせ、そしてこの奇妙な姿の教会と出合った。

場所は、ハノイの母なる川ソンコイがトンキン湾にそそぐデルタ地帯で、ベトナムのキリスト教では聖地とされるファットジェム。１５３３年、カトリックの宣教師がこの地に上陸し、貧しい半農半漁の民に布教し、以後、今日まで、細々としかし脈々と「異教」を伝える村なのである。

村に入ってまず驚くのは、周囲の小さくて貧相な民家の群れの中に立つ聖堂の大きいことと立派なこと。ヨーロッパ中世をしのばせる。

敷地の入り口に立ってまた驚く。池のなかに中の島があってマリア像が立っている。正面前方に池をともなう教会なんて聞いたこともない。池の向こうに瓦屋根の載る越洋折衷の立派な建物があり、聖堂かと思って近寄ると拝殿。

階上には鐘と太鼓が置かれ、階下には1坪ほどもある黒い大石が敷かれている。地に体を投げ出す五体投地によってすり減っているのが分かるが、キリスト教で五体投地とは。

そしてその先にようやく越洋折衷の聖堂がそびえ、中に入ると唐招提寺なのである。

清めの池も、鐘楼形式を借りた拝殿も、五体投地の祈り方も、キリスト教にはない、ベトナム仏教ならではの伝統にほかならない。

天井を見上げ棟木をチェックすると「成泰三年五月十七日立柱上棟」と刻まれている。１８９１年の上棟ということは、フランス植民地になって数年後に建てられたことが分かる。

やってきたフランス人建築家が自分の異国情緒を満たすためにこのようなデザインをしたのだろうかと思ったが、調べると、設計から工事までのすべてをリードしたのはベトナム人の司祭チャン・ルック（陳六、１８２５～９９）で、デルタ一帯から堅く強いことで有名な鉄木の巨木を苦心して集め、完成にこぎつけた。

植民地化のなかであえて民族色を打ち出そうとしたのか、それとも、それまでの布教三百数十年の歴史のなかですでに越洋折衷形式が確立していてそれに従ったまでなのか、これから調べなければならない。

分断で閉鎖、統一後に再開

拝殿やチャペルなど複数の建物が集まるファットジェムの教会全体の建設には、１８９９年までかかったとされる。大聖堂は10メートル強に及ぶ列柱で支えられ、内部はキリストの受難などを描いたレリーフなどが飾られている。設計者のチャン・ルック（陳六）は、「六翁」と親しまれ、中庭に墓もある。

１９５４年の南北分断後、北側のファットジェムからは、多くのキリスト教徒が南ベトナムへ移住し、教会は閉鎖されたが、南北統一後に再開された。現在ベトナムにおけるカトリック教徒は約1割を占め、仏教徒に次いで多い。

（上）木製の列柱が荘厳な雰囲気をつくる内部
（下）「拝殿」側から見た大聖堂の正面

◆ファットジェム大聖堂は、ベトナムの首都ハノイの南約120キロ、ニンビン市街の南東約30キロにある。ハノイから車で日帰りする個人旅行などで訪れることができる。

神奇

昌徳宮

所在地◆ソウル市鍾路区臥龍洞
創建年◆1405年
建築家◆不詳

【文】隈研吾　【写真】松葉一清

韓流が人気である。中でも人気が高いのは、韓国俳優たちの男っぽい、マッチョな雰囲気である。対照的に日本の男たちの「中性化」は一層進んでいる。オタクとかアキバ系と呼ばれる若者と比較すると、鍛えぬかれた体を細身のスーツにつつんだ濃い目鼻立ちの「韓流」の男たちは新鮮だ。

朝鮮王朝第3代国王、太宗の建造による、「韓国で一番美しい宮殿」ともいわれる昌徳宮《チャンドックン》を前にして、建築にも「韓流」ってあるんだ！　と絶句した。それくらい韓流の美しき男たちと印象が似ていたのである。

瓦の大屋根をのせた、水平性の強い構成は、日本の建築と同一であるが、軒下に目がいくと、「あっ違う！」とびっくりした。

アジア建築の中で軒下は目にあたる。目のまわりのディテールに、その人の気持ちとか、気力とかのすべてが込められている。近づいて目を見れば、相手の中身、本質をのぞき見られる。軒下もそういう場所なのである。なぜなら、大きくて重い屋根をどうやって支えるかという、建築の最も大事な本質が、軒下のディテールに投影されるからである。だから、アジアの建築は軒下の骨組みを包み隠さず、可能な限り露出する。

昌徳宮の軒下では、まず垂木の力強さに圧倒される。まつ毛が太くて長いという感じなのである。大屋根を2段の垂木で支えるのは、中国、韓国、日本に共通の構造的解決法であるが、日本は上下ともに同じような四角い断面なので、目元はあっさり、さっぱりする。しかし、韓国では下が丸、上が四角なので、軒下にメリハリが生まれて、「まつ毛スゴイ」になる。

さらにこの印象を強めているのは、軒下にびっちり施された極彩色の塗装である。日本では原則として軒下には強い色を塗らない。目元の強い化粧は嫌われてきたのである。

逆に韓流は、わざとらしさをいとわない。とはいっても、この極彩色にもルールがあって、丹青色《たんせい》の配色は、宮殿、寺院にのみ許されたものであった。

宮殿も寺院も庶民もみな同じ軒下という、日本のスーパーフラットなデザインシステムと韓流とは、この点でも対照的である。

男っぽさ、マッチョさとは、社会の階層性を身体に表出したものなのかもしれない。韓流建築はこれでもかと階層性を表出し、日本は慎重に隠蔽《いんぺい》してきた。この極彩色は「化粧」というより、「整形」に近い印象である。そういえば、韓国は整形美容の普及率でも群を抜いていて、日本も中国もとても及ばない。

（上）19世紀に再建された「昌徳宮仁政殿」
（下）仁政殿屋内の華麗な儀礼空間

秀吉による戦乱で焼失後、再建

1392年に成立した朝鮮王朝は2年後、漢陽（現・ソウル）に遷都し、正宮である景福宮に次いで四つの離宮が造られた。その一つが昌徳宮。約58万平方メートルの敷地に仁政殿（正殿）、大造殿（寝殿）などが立ち並ぶ。

秀吉による文禄・慶長の役（1592〜98）の戦乱で焼失し、1610年ごろ再建。19世紀半ばまで景福宮にかわる王宮として使われた。

背後には緑豊かな秘苑が広がり、東には昌慶宮が隣接する。1997年世界遺産に登録。NHKで放映された韓国ドラマ「チャングムの誓い」にも現地ロケのシーンが登場した。

◆公式ウェブサイト（http://www.cdg.go.kr）は、四季の写真などを収録。書籍では、絶版だが『国宝〈巻11〉宮室建築—韓国七〇〇〇年美術大系』（竹書房）が写真、解説とも充実している。

神奇

首里城正殿と玉陵

所在地◆那覇市首里城公園一帯
完成年◆1992年（正殿／復元）
１５０１年（玉陵／創建）
建築家◆不詳

【文・写真】松葉一清

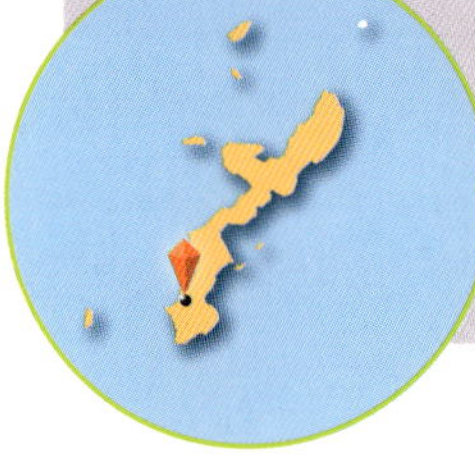

日本

丘を登るにつれ、頭上のぬけるような青空はどんどん広がっていく。その下にそびえる真っ赤な板壁の宮殿。屋根の赤がわらには真っ白な漆喰《しっくい》がてんこもり。囲われた広場の足元には赤茶と白のストライプが連なる。「首里城正殿」の前に立ったとき、世界のどこにもない異次元の空間に胸がたかなるのを感じた。

完成は１９９２年。原形となった正殿は１７１２年のもの。沖縄戦で焼失した琉球王国の象徴を資料などに基づき、本土復帰20年を記念して再現した。その建築は目を驚かせる意外性に彩られ、それが大きな魅力となっている。

沖縄のグスク（城）のトレードマークは重々しい石垣。首里城もまたそうした石垣を伝い、いくつかの門をくぐり正殿に至る。そこで待ち受けているのは沖縄最大をうたう極彩色の木造建築。中国の紫禁城など大陸の宮殿に通じる仕立てが、東アジアにおける沖縄の歴史的な位置取りを物語る。

再建当初の訪問時、広場のストライプなど現代のデザイナーの創作かと思った。聞くと、儀式の際に役人が整列するために古来あったという。琉球は、ワビやサビを尊重する近世以降の本土と違い、明確で強烈なおしゃれの美学を持っていたことを学んだ。

この復元建築自体、文化財は古びて見えるほうがよいとする世界共通の考えに挑戦してもいる。沖縄でも指折りの観光地だけにどこかテーマパークのようなあけすけさを感じさせるのは偽らざるところ。こんな手はありか、なしか。

復元した正殿が出現する前の記憶をたどる。移転した琉球大学のキャンパスがまだ首里にあったころ、記念写真の撮影スポットは守礼の門しかなく、肩すかしを食わされる感があった。それが今では一帯に残る本物の文化財を巡る順路が出来上がった。王家の墓である「玉陵《たまうどうん》」や王家別邸の庭園「識《しき》名《な》園《えん》」などの遺跡群が、精密なレプリカの登場で脚光を集めるに至った。なによりの効用だ。

完成から歳月を経て、赤も少しくすみ、屋根の漆喰も風化して、復元建築もおとなしく見えるようになった。

その正殿をあとに、守礼の門をくぐって坂道を下り、久しぶりに「玉陵」を訪ねた。死者のための石造りの王宮は、沈黙のなかに鎮座していた。スコットランドに置いても似合いそうな苔《こけ》むした黒灰色の遺跡は、来訪者を身震いさせる迫力を保ち続けている。

対照的なさっきの赤を思い出し、だから沖縄はおもしろいと考えた。

失われた歴史空間復元

琉球王国の栄華を今日に伝える「首里城」は、那覇市街地の東郊にあたる標高１２０メートルの高台に位置している。建築史学者伊東忠太らの尽力で１９２５年に国宝指定された元の正殿は沖縄戦で失われ、同時に王家に伝わる文化財も多くが焼失した。復元にあたっては、写真や寸法図が有力な資料として用いられた。あわせて、城郭の発掘、見学施設の整備も進められ、歴史の空間が追体験可能になった。

「玉陵」を含む首里の一連の遺跡は、今帰仁《なきじん》、中城《なかぐすく》などのグスク跡などとともに、２０００年に世界遺産に登録され、世界にお披露目された。

（上）復元された首里城正殿。強烈な赤が目をひく
（下）首里城に近い玉陵は石の空間

◆『首里城を救った男』（野々村孝男著、ニライ社）は、戦前の写真・資料も収め、国宝指定の経緯や焼失前の姿を追う。公式ウェブサイト（http://www.shurijo.com）には、一帯の見学コースの紹介や散策のためのダウンロード可能なマップも収録されている。

神奇

御塩殿の天地根元造

所在地◆三重県伊勢市二見町荘
完成年◆不詳
建築家◆不詳

【文】鈴木博之　【写真】松葉一清

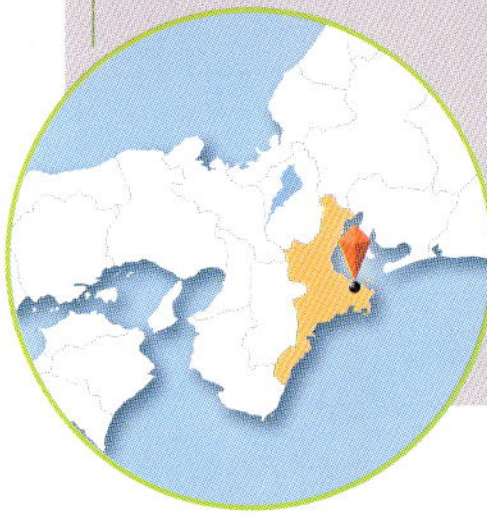

日本

伊勢神宮に供える塩を作るための施設が、神社となって伝えられたのが御塩殿《みしおどの》神社だという。じっさい、ここに立ち並ぶ建物のひとつは、内部に塩釜をもっている。五十鈴川右岸にある御塩浜から海水をくみ、最後に堅塩《かたしお》に精製するのである。二見浦からほど近い海辺の立地も、なるほどと納得される。

しかもこれらの建物の異様さはどうだ。神社の境内は自然の木立が残り、穏やかな風情を漂わせている。そのなかに建つ御塩汲入所《くみいれしょ》や御塩焼所《やきしょ》の、切り妻の屋根を地面に伏せたような単純なかたちが、驚くような存在感を持って迫ってくる。

人間が最初に建物を造るとしたら、このような単純明快なかたちになるのではないかと思いたくなる、そんな迫力である。しかもここには近代的な造形感覚に通ずる、無駄のない洗練された構成すら感じられる。ここはわたくしが一番好きな場所のひとつだ。

江戸時代の棟梁《とうりょう》たちはこの御塩殿のようなかたちの建物が、建築のはじまりだと考えていたらしい。そうした伝承を踏まえて、『稿本日本帝国美術略史』（１９０１年刊）の「建築之部」という、日本ではじめての建築の通史をまとめた伊東忠太は、その冒頭に切り妻の屋根を地面に伏せたかたちの建物の絵を掲げて、これを「天地根元造《てんちこんげんづくり》」と呼んで紹介している。御塩殿を見ていると、これこそいまに生きる「天地根元造」ではないかと思われてくるのである。

けれども現在では、原始的住居の復元が行われる場合、竪穴式住居と呼ばれる入り母屋型の屋根を地面に伏せたようなかたちの建物が復元的につくられることが多い。この形式の住居は、戦後、関野克博士が、古代の砂鉄の製鉄を行う「高殿《たたら》」という建物の構造を参考にして提唱したものである。そこには発掘にもとづく柱の痕跡についての考証が組み合わされていて、説得力をもっていた。

「天地根元造」という形式は原始住居としては否定されてしまっている。これは後から考えられた、洗練され過ぎた造形だとみなされたのである。

けれども考えてみると、一方は古代の製鉄施設の形式、もう一方は神社にかかわる古代の製塩施設の形式であるのだから、微妙な関係がある。両方とも古代の産業施設、生産施設なのだから、それらのなかに、技術とともに伝えられた建物の形式が見られても不思議ではない。

御塩殿には、迫力だけでなく、いまもなお建築の原型を考えさせるちからがこもっている。

伊勢神宮神事に今も製塩

御塩殿神社は皇大神宮（伊勢神宮内宮）の所管社の一つで、御塩殿鎮守神を祭る。神宮司庁によると、二見浦での製塩は同神宮の鎮座と同じ時期から行われていたと見られる。鎮座は垂仁天皇26年、西暦では紀元前4年とされる。後世になって独立した社殿がつくられた。

現在の境内には、社殿のほかに、塩水を貯蔵する御塩汲入所、釜でたきあげて荒塩にする御塩焼所、その荒塩を三角形の土器につめて焼き固める御塩殿が立ち並ぶ。これらの建物がいつ建てられたかははっきりしない。

毎年10月5日には御塩殿祭がある。

（上）天地根元造の「御塩焼所」［左］と「御塩汲入所」
（下）屋根が地面近くまで覆いかぶさる「御塩焼所」

◆伊勢神宮公式ウェブサイト（http://www.isejingu.or.jp/shosai）の「神宮の御料地」のページに御塩殿の説明がある。『伊勢の神宮』（南里空海著、世界文化社）は御塩づくりの様子を現地ルポと写真で紹介する。

神奇

会津さざえ堂

所在地◆福島県会津若松市一箕町
創建年◆１７９６年
建築家◆不詳

【文・写真】松葉一清

日本

白虎隊の悲劇で知られる飯盛山は典型的な日本の観光地。土産物屋の呼び込みの声に背を向け、山すそを左手に折れる。さざえ堂を訪ねるためだ。

行き帰り別々の二重のらせんスロープを昇降しながら、西国三十三観音を拝礼する高塔形式の仏堂。今は観音像は失われてしまったが、スロープの形がそのまま外壁に現れる異形の大胆さで、抜きんでた存在となっている。

傍らに句碑が立つ。

　天高しピサの斜塔とさざえ堂

俳人、成瀬櫻桃子のよんだ一句。成瀬は、久保田万太郎に始まる俳句結社「春燈」の第3代主宰をつとめた。陽光ふりそそぐイタリアの奇想の石塔と、木立のなかの会津の木造仏堂。唐突とも思える取り合わせだが、確かに、このさざえ堂は、連綿と続くわが国の伝統からの突然の飛躍で目を驚かせる。

背後に回ってその不思議な姿を凝視したとき、わたしは、ウィーンの美術史美術館で見た、ブリューゲル描くところの「バベルの塔」を連想した。

フランドルの画家による想像のバベルの塔は、窓という窓を傾かせながら、らせんのスロープで神の領域である天をめざす。会津のさざえ堂は高さこそ16メートルにとどまるが、内部のらせん状のスロープの形に従ってやはり窓は傾き、歴史の重みが染み込んだ板壁と相まって、立っていることそのものが不思議とさえ思えてくる。

１９６０年代に実測調査した小林文次氏（日大教授）は、ヨーロッパのらせんスロープ建築との比較考察を試みたうえで、フランク・ロイド・ライトの「グッゲンハイム美術館」（米ニューヨーク）になぞらえた。らせんのスロープを昇降しながら三十三観音を巡礼する形式が、独創的な展示の近現代美術館の先取りとする愉快な推論である。

そこまで来訪者たちの想像力をたくましくさせる存在はたいしたものだ。

その小林氏の研究に基づく創建年は１７９６年。世界に目を向けると、フランス革命と産業革命興隆の直後にあたる。社会の変動、都市の拡大と技術の進化がフランスの空想建築家のようなそれまでなかった空間を夢想させるひとびとを出現させた。わが国ではこの時代に、江戸をはじめ各地にさざえ堂が建設された。

世界を揺るがす革新の風が、鎖国の日本、そして会津の地にまで吹き及んだのか。建築は時代の産物という定義を再認識させる、奇想の遺産として貴重だ。

交差しない上下のスロープ

会津さざえ堂のもともとの呼称は「正宗寺円通三匝堂《しょうそうじえんつうさんそうどう》」。明治の神仏分離で寺が廃され、飯盛山主飯盛本家が保持してきた。明治前期に荒れ放題となり、修理を重ねて復旧、国の重要文化財となった。

木造の六角堂で、上りのスロープを回っててっぺんまで到達、中央にかかる太鼓橋を渡って下りのスロープに入り、入り口とは別の出口へ。途中、二つのスロープは交差しない。

さざえ堂と呼ばれる仏堂は、青森県弘前市、群馬県太田市、埼玉県本庄市などに現存する。

（上）内部のスロープが外壁の造形でも確かめられる
（下）右手からのぼってきて、左の太鼓橋を渡り、下りへ

◆さざえ堂の公式ウェブサイト（http://www.sazaedo.com）で、飯盛本家の飯盛正日氏が、さざえ堂の構成の発想の原点は「考案者、郁堂和尚の夢に出てきた二重こより」とする家伝を紹介している。現地では小林文次氏による実測図が土産物として入手できる。

新奇叛奇

アインシュタイン塔

所在地◆ポツダム市テレグラーフェンベルク
完成年◆1921年
建築家◆エーリヒ・メンデルゾーン

ドイツ

【文】鈴木博之
【写真】フォルケ・ハンフェルト

ベルリンから郊外のポツダムに出かけて眺めたアインシュタイン塔は、こぢんまりとした瀟洒《しょうしゃ》な佇《たたず》まいを見せていた。いわゆる流線形の建物は、ちょこんと頂部に天文台らしいドームを乗せている。だが、なぜこの建物をアインシュタイン塔というのか。

一般相対性理論を研究していたアインシュタインは、水星の軌道がニュートン力学だけでは説明できないことに気づいていた。かれは若い天文学者のエルヴィン・F・フロイントリヒに協力を求めた。

フロイントリヒは１９１１年ごろから水星軌道の観察を始めた。

一般相対性理論はさらに、太陽などの強い重力場から放射される光は、わずかに赤の方に偏移することも予言している。フロイントリヒはこれを証明するため、太陽光のスペクトルを分析するための望遠鏡の建設を思い立つ。

塔状の望遠鏡はやぐらのような筒を建てて、そこに光を導き入れて分光器にかけて光を観察する装置である。フロイントリヒはアインシュタイン財団から助成金を得て、ポツダムの天文台にこの装置を建てることにした。計画は第１次世界大戦の影響などもあってすんなりとは行かなかったけれど、１９２１年にようやく完成。

塔状の建物はアインシュタイン塔と名付けられた。しかしそれにしても、何故流線形の塔が出現したのだろうか。そこには建築家、エーリヒ・メンデルゾーンの存在がある。１８８７年生まれのメンデルゾーンにとって、これははじめて建築らしい建築をつくる機会だった。彼の妻になるルイーズ・マースがフロイントリヒをメンデルゾーンに引き合わせたのだといわれる。もともと塔状の望遠鏡を設置するためなら、石油の採掘のためのやぐらのような構造物を建てて、そこに垂直に望遠鏡の鏡筒を吊《つる》せば良い。現にこれまでの塔状望遠鏡はそんなかたちをしていた。

メンデルゾーンが流線形の建物を考えたのは、建築家のイマジネーションによるとしかいいようがない。こうした建築を表現主義の建築とよぶのだが、表現主義とは内面の衝動を外面に現す有機的形態を生むといわれる。だがこれを建てるには、レンガを積んでその上をセメントで固めながら整形してゆく手法がとられた。この塔は近代科学の精華を示す未来的な建築で、当時最新のコンクリートによる自由な造形の賜《たま》物《もの》だと考えている人がいるが、じっさいには未来を夢見る手仕事の産物なのだった。

三鷹や札幌にも同じ冠の施設

同名の「アインシュタイン塔」が東京・三鷹の国立天文台にも存在する。１９３０年の完成、正式の名称は「太陽分光写真儀室」。こちらも太陽光の観測を目的とし、通称をポツダムにならった。四角い塔状で壁面のうねりはない。

やはり30年開設の北大理学部旧本館（現・総合博物館、札幌）には「アインシュタイン・ドーム」と命名された吹き抜けがある。杉山滋郎・北大教授の研究によると、分光学の北大教授をつとめた堀健夫氏の26年の日記に、アインシュタイン塔をポツダムに訪ねた記述があり、堀氏がこのドームの命名に関係したのではと推測される。

（上）ドイツ表現主義建築の傑作といわれる
アインシュタイン塔
（下）どの方角から眺めても新奇
©Folke Hanfeld

◆公式ウェブサイトは http://www.aip.de/einsteinturm。書籍には『The Einstein Tower』(Klaus Hentschel著、スタンフォード大プレス）などがある。

新奇叛奇

オリンピック競技場

所在地◆ベルリン市オリンピック広場
完成年◆１９３６年
建築家◆ベルナー・マルヒ

ドイツ

【文】松葉一清
【写真】フォルケ・ハンフェルト

ベルリンに着くと旅装をとくのももどかしく、スタジアムへ向かった。初夏には珍しいどんよりした曇り日。十数年前の話。着手されたばかりの首都移転の都市改造よりも、まずはそちらを見てみたかった。

来たはずもないのに存在を知っている2本の塔の間を進んでスタンドに近づき観客席からフィールドを見やると、これも見慣れた荘厳な階段と聖火台。頭上の灰色の空と記憶の中のモノクロ映像が重なり合い、半世紀以上前の歓呼のとどろきが響くかと思えた。

史上初めて、メディアを駆使した世界規模での政治的宣伝に使われた建築。ベルリンのオリンピック競技場の姿を網膜に焼きつけたのは、レニ・リーフェンシュタールが監督した１９３６年ベルリン五輪の記録映画「民族の祭典」だった。ドイツの雄大さとナチスの表層的な平和主義の伝達を意図した映像は、このスタジアムでほとんどの場面が撮影された。初訪問時の既視感はそのためだ。

選手の人間性と観客の熱狂が、スローモーションや夜間競技のシーンをおりこんで描かれた。映画のなかのヒトラーは貴賓席で外国の首脳たちと肩をならべ、ドイツ選手の勝利に歓喜の表情で立ち上がり、ドイツのリレーチームがバトンを落とすと、くやしそうな表情をみせた。

映画は政治的な宣伝の意図に芸術の衣をまとわせ、スタジアムはファシズム建築ならではの重々しさによって強固な舞台としての役割を全うした。設計にあたった建築家ベルナー・マルヒは、建築家であった父の手がけた競技場を引き継ぎ、一帯をスポーツの聖地にする大計画を実現した。

古代競技場を意識した、石張りの柱が連続する重々しい構成。もっともマルヒの当初案ではガラスが使われるはずだった。だが、モダニズムを退廃芸術と見なすヒトラーが「自分はガラスの箱には入らないから、オリンピックは中止だ」と息巻いたため、お抱え建築家アルベルト・シュペーアが石張りにする代案を提案、ヒトラーもマルヒもこの仲介に納得したという。

冷戦時代には隣接の施設に英国軍の本部も置かれた。74年のサッカー・ワールドカップで国際舞台に本格復帰し、２００６年の決勝戦はここが舞台。空間構成を維持しながら、現代風のハイテクイメージの改修が施された。世界注目の一戦とともに、新装なったスタジアムが高画質で世界に同時中継された。負の遺産を吹っ切って、首都復帰のベルリンのシンボルとなりえたか。

W杯に向け屋根を新装

帝政時代の競馬場の敷地に初代のスタジアムが登場したのは第1次世界大戦開戦の前年。戦争で中止されたベルリン五輪の会場になるはずだった。その意味では1936年の五輪開催はドイツスポーツ界の悲願であり、建築家ベルナー・マルヒはヒトラー政権下で新スタジアム設計を続けるためナチスに入党したとされる。

2006年のサッカー・ワールドカップ開催を受けて、全客席を覆う屋根が軽やかなデザインで新装された。改装の設計はドイツの大手設計事務所gmp。客席数は7万4000余りとなり、7月上旬の決勝を含む6試合が開催された。

（上）夕刻のサッカーにファンが集う
（下）新しい屋根が登場

◆オリンピック競技場の公式ウェブサイト（http://www.olympiastadion-berlin.de）は、歴史や現在の写真などを収録。国際オリンピック委員会の公式ウェブサイト（http://www.olympic.org）の歴代五輪記録ページでは、36年の聖火リレーや開会式の動画も見られる。

新奇 叛奇

ドイツ連邦議会議事堂

所在地◆ベルリン市共和国広場
完成年◆1894年／1999年（改装）
建築家◆パウル・ワロット／ノーマン・フォスター

【文】鈴木博之　【写真】松葉一清

ドイツ

ドイツ統一後、ベルリンは変わった。そこにそびえるのがドイツ連邦議会議事堂だ。堂々たるドームをもつが、よく見るとドームは超モダンなガラス張りだ。ここにはドイツの、そして世界の歴史が詰まっている。

　この建物は本来、ドイツの帝国議会議事堂（ライヒスターク）として１８９４年に完成した。設計はパウル・ワロット。中央に設けられた約４００議席の議場の真上にドームを戴《いただ》く。けれども皇帝ウィルヘルム２世はこの議会を「帝国のサル小屋だ」とうそぶいたという。

　やがて時移り、ドイツではヒトラーが台頭して彼が組閣するにいたる。しかし組閣後１カ月しかたたない１９３３年２月27日、ライヒスタークは炎上。ヒトラーはこれを左翼勢力の放火だと主張した。45年５月２日、４日間の戦闘の末、ソ連軍によってこの建物は占領された。すでに建物は爆撃で穴だらけとなり、ドームも失われた廃墟にすぎなかった。

　建物は71年になってパウル・バウムガルテンの設計によってドームなしの、簡素な施設に修復された。しかしながらドイツ統一後、最初の東西統一議会は90年10月４日にここで開催された。やはりドイツ議会はここでなければならないという思いが、すべての国民にあったのだろう。

　ここを新しいドイツ連邦議会議事堂にするという議論は本格化し、イギリスの建築家ノーマン・フォスターがその設計を行うことになる。その工事が開始される直前の95年夏、あらゆるものをシートで包み込む芸術で知られるクリスト夫妻が、この建物をシートで包んで大きな話題となった。

　フォスターは議場の上にドームを再建することを決めた。ただしそれをガラスのドームとし、議場を見下ろすかたちにした。そしてドームの内側をひとびとが自由に上ってゆけるようにしたのである。

　ドームのガラスにはすき間があり、自然換気が行われ、エネルギー消費を抑制する。ガラスを透かして直射日光が入らないように、内側には回転式の日よけも設けられている。省エネルギーに配慮した新しいドームなのである。無論そこにはガラス張りの政治を実践するという姿勢も込められている。議場の上をひとびとが歩き、下をのぞき込むという、究極の民主主義の表現が新しいライヒスタークなのである。

　一方、ドイツ民主共和国（東ドイツ）が戦後ベルリンに建てた国会議事堂は、いま廃墟となっている。

生き返った統一の象徴

ライヒスタークは、普仏戦争の勝利を経てドイツ帝国が誕生したのを機に、統一国家の帝国議会議事堂として建てられた。フランスからの賠償金の一部を使い、完成まで10年かかった。

破壊されたライヒスタークを新たによみがえらせたフォスターは、ハイテクを駆使した現代建築の第一人者だ。近年では、大英博物館の中央をガラスドームで覆ったグレートコートの設計がある。

ライヒスタークのガラスドームには、地上からエレベーターでのぼり、さらにドーム内のらせん階段を徒歩であがって、展望することができる。

（上）光があふれる屋上のガラスドームの内部
（下）見学者が絶えないライヒスタークの全景

◆紹介のウェブサイトに http://www.reichstag.de がある。ノーマン・フォスターとデビッド・ジェンキンスの英文の共著『Rebuilding the Reichstag』(Overlook Press) がある。

新奇叛奇

ソニー・センター

所在地◆ベルリン市ポツダム広場
完成年◆2000年
建築家◆ヘルムート・ヤーン

【文】隈研吾
【写真】フォルケ・ハンフェルト

ドイツ

　足を踏みいれると、万博かテーマパークに迷い込んだみたいに、浮き浮きしてしまう。真ん中のフォーラムと呼ばれる大きな広場は、いつも人であふれていてにぎやかだし、広場の真上に浮かぶ真っ白い幕は万博やテーマパークのテントを思い出させる。この幕がフジヤマに似ているというベルリンっ子もいる。

　広場のコーナーには、ミュンヘン風のビアホールがあり、椅子《いす》が広場にはり出しているところも、いかにもバンパクである。その脇を下りていくとシネコンの入り口があって、気分はますますバンパクである。

　しかし、冷静に考えてみると、ここはソニーのヨーロッパ本部やドイツ鉄道が入居する効率的なオフィスビルで、それがどうして、こんなににぎやかにバンパクしているんだろうか。

　答えをさぐると、広場の衰退という世界的現象に行き着く。かつての都市の中心には人々が集い、語り合う楽しい広場が必ずあった。しかし、20世紀に自動車という危険な異物が広場に進出し、やがてテロや犯罪のリスクが増大し、広場という「都市のリビングルーム」はまたたくまに衰退していったのである。

　どのようにして広場を回復するかが、今日の都市計画の最大のテーマである。しかし、もっとも手っ取り早いやり方は、民間企業が自分の敷地の中で、疑似的に広場を再生する方法であり、その模範的解答こそソニー・センターというわけなのである。バンパクもテーマパークも広場の疑似的再生の先達であった。

　だから、みんな似てくるのは当然である。なにせ敷地の中だから車は入らないし、セキュリティーも万全で演出も自由自在である。かくしてソニー・センターはオフィスビルのテーマパーク化という新しい流れの最先端となった。

　しかし、そんな疑似再生の広場は嘘くさくて、大嫌いだという人もいる。昔ながらの広場を満喫した気分で気を許しているうちに、いつのまにかソニー製品やソニーの映画、音楽が脳の隅々にまで刷り込まれてしまいそうで気分が悪いというわけである。おまけに、ソニー・センターから一歩外に出ると、ベルリンの広場も街角も、あいかわらずさみしくて盛り上がらないままであり、この手の企業による都心のテーマパークは、瀕死《ひんし》の公共空間に対するとどめの一撃に他ならないという批判もある。

　疑似広場は宙づりのまま、歓声だけが響く。都市は再生されたのか、それともついに死んだのか。

「壁」崩壊後の再開発で誕生

ポツダム広場は冷戦期、東西ベルリンの境界に位置していた。89年の壁崩壊後、ベルリンの首都復帰をにらんで大規模な再開発が進められ、オフィス街区となった。その一角を占めるソニー・センターは、第2次大戦で破壊された高級ホテル、エスプラナードの一部を保存し、都市の記憶の継承に配慮する。設計者のヘルムート・ヤーン（1940年生まれ）は、ドイツ出身で米シカゴを拠点に活躍。ハイテクイメージの建築で知られ、代表作は米イリノイ州庁舎や、シカゴ・オヘア空港ユナイテッド航空ターミナルなど。

（上）フッ素樹脂加工の屋根をライトアップ
（下）ポツダム広場開発の核となっている
©Folke Hanfeld

◆ソニー・センターについては、ソニーのウェブサイト（http://www.sony.co.jp/SonyInfo/Berlin/index-j.html）や、ヤーンの設計事務所のウェブサイト（http://www.murphyjahn.com）が詳しい。

新奇叛奇

ウィーン郵便貯金局

所在地◆ウィーン市1区ゲオルク・コッホ広場
完成年◆1906年
建築家◆オットー・ワグナー

【文】隈研吾　【写真】松葉一清

きっかけは郵便貯金だった。新しく始まったこの制度が好評で、お金を預けにくる市民のために大きな中央局をたてる必要が生じたのである。

でもしょせんは、郵便局だろ……などと馬鹿にしてはいけない。中央のホールに足を踏み入れた時は、本当に鳥肌が立った。どんな宮殿でも、豪邸でも、こんな鳥肌は立たなかった。

ウィーンの暗く重い街から、突然真っ白い光に満たされた、無重力の空間に投げ込まれて、あぜんとして頭より体が反応してしまったのである。天井は一面のガラス張り、床も一面のガラスブロック。上からも下からも白い光が体におそいかかる。体は重さを失い、意識は空中を浮遊する。

床と天井をガラスにすれば、誰でもこんな空間が作れるというわけではない。設計したオットー・ワグナーは、当時円熟の頂点にあった。古典的な伝統建築の技法に精通し、当時芽生えつつあった、近代建築の美学にも深い共感と理解を示していた。伝統と現代とが手を携えた時、誰も体験したことのないとんでもない空間が出現しえる。ワグナーはそれを実証した。

小道具がすごい。ディテールが圧倒的だ。床からにょきっと立ち上げられた空調吹き出し用の柱は、当時使われ始めたアルミ素材で美しく作られ、空気を吹き出すだけではなく、白い光をなめらかな細かな光の粒へと粉砕する。「世界で最も美しい空調機」とも言われる。この郵便局以降、20世紀の近代建築はただただ、レベル低下の途をまっしぐらに進んだのではないかとさえ、思えてくる。

しかもよくながめると、それぞれの材料は決して高価ではない。鉄骨の柱や、リベットはむき出しだし、ガラスは温室に使われる安物である。そういう工夫があったからこそ、宮殿ではなく予算のない郵便局で、このワグナーのデザインが実現した。ワグナーは大衆に夢を与えた。予算がなくたって、どんな宮殿も真っ青になるような、ぶっとんだ空間を実現できる。

しかし、残念ながら、ワグナーが与えてくれた夢はしぼんでしまった。後進の建築家が怠慢だったためだ。いまや建築デザイン界にはニヒリズムが漂っている。金をかけなければ、いいものができっこない。そんなさめた見方に支配された社会は不幸である。ローコストでしかも、豊かな空間を持った郵便局が日本でも身近な所にあれば、郵政民営化なんて声もおこらなかったのかもしれない。

建築革新の旗手、鉄道や運河も

新たな芸術運動が盛んだった19世紀末のウィーンにおいて、オットー・ワグナー（1841〜1918）は建築革新の主導的な役割を果たした。前衛的な作品を手がけながら、体制からも認知され、金融機関の大建築や、鉄道、運河など都市的な施設を次々と実現していった。

ウィーン郵便貯金局は1903年のコンペでワグナーの案が採用された。06年に登場した建物は、白大理石板を固定したボルトの頭をのぞかせる外装で人びとを驚かせた。10〜12年に第2期工事が行われ、現在の構成になった。

（上）ガラスの天井から自然光がふりそそぐ
（下）アルミニウムの造形が外装を飾る

◆局内には博物館も併設されている。その公式ウェブサイト（http://www.ottowagner.com）では、建設前後の写真や図版、ホールのパノラマ映像が見られる。郵便貯金の創設者で、所在地に名を残すコッホの来歴なども詳しく述べられている。

新奇叛奇

セセッション館

所在地◆ウィーン市1区フリードリッヒ通り12
完成年◆1898年
建築家◆ヨーゼフ・マリア・オルブリッヒ

【文】鈴木博之　【写真】松葉一清

オーストリア

ウィーンの町の世紀末といえばセセッション館だ。金色に輝くドームを戴《いただ》いて、壁面にはなまめかしい浮き彫りの装飾をもつ、この小ぶりの建物のすがたを目にすると、ああここは芸術の都で、世紀末にもその精華を残した町なのだなあと、胸躍るような気持ちになる。

いまの目には、セセッション館はノスタルジックな建物といってよい佇《たたず》まいを見せている。正面は壁ばかりが目立つ左右対称形で、真ん中に奥まって入り口の扉がある。扉の上部にはさまざまな浮き彫り。それらが世紀末の雰囲気を色あせることなくいまに伝える。

建物の上には4本の短い角柱のようなものに挟まれて輝くドームがある。端正でノスタルジックで、懐かしいような建物としか言いようがないではないか。

正面が壁ばかりの閉鎖的な構成になっているのは、この建物が美術作品の展示施設だからだ。展示施設には展示用の壁面がいるし、直射日光が入らないようにしなければならないから、どうしても壁だらけの建物になるのだった。その代わり、壁面に多くの芸術家たちが装飾を加えてじぶんたちの展示館を祝福し、その性格を町にたいしてアピールしているのだ。

こう考えればセセッション館は至極オーソドックスな建築で、奇想とは無縁に見えるかもしれない。けれどもこれが完成した時には大変なスキャンダルだといわれたのだ。それまでの建築のように柱と梁《はり》の構造の表現のメリハリが無い。これは美術展示施設のような格式の高い建物の場合には致命的な欠陥ではないか。入り口も小さすぎてよく分からない。まるでモスクだ、寺だ、公衆便所だと、ありとあらゆる悪口が投げつけられたという。

特に非難が集中したのがドームだった。よく見るとこれはドームではなく、めっきされた金属製の月桂樹《げっけいじゅ》の葉で編んだ、カゴのような冠なのだ。建築構成の正統派の最たるものがドームであるのに、それをカボチャの馬車ではあるまいに、めっきのカゴにするとは何たることだというわけだ。

セセッション館は1897年に結成されたウィーンの前衛芸術家たちの団体「オーストリア視覚芸術家協会ウィーン・セセッション」の展示施設として造られたのだった。グスタフ・クリムト会長のもと、メンバーにはヨーゼフ・ホフマン、コロ・モーザーらがいた。そして設計を担当したのはヨーゼフ・M・オルブリッヒだった。彼はここに彼らの革新的芸術の息吹を込めたのだった。

屋上に「金色のキャベツ」

セセッションは「分離」を意味し、分離派とも呼ばれる。ウィーンの若い芸術家たちが、保守的な美術界とたもとをわかち、分離したことから名付けられた。オルブリッヒ（1867〜1908）は、曲線を多用したアール・ヌーボーの影響を受けながら、幾何学的で直線や平面を基本とした建築を手がけた。

月桂樹をデザインしたセセッション館のドームは、「金色のキャベツ」などとも呼ばれた。正面の壁面には、「時代には、その芸術を／芸術には、その自由を」の文字が刻まれている。

（上）ウィーン分離派のシンボルは、突出したデザインだ
（下）クリムトによる内部の壁画

◆セセッション館の公式ウェブサイトは http://www.secession.at/index.html。『世紀末ウィーンを歩く』（池内紀・南川三治郎著、新潮社）の中に、街並みとともに紹介されている。

新奇叛奇

ロースハウス

所在地◆ウィーン市1区ミヒャエル広場
完成年◆1911年
建築家◆アドルフ・ロース

オーストリア

【文】隈研吾　【写真】松葉一清

１００年前の「景観破壊」建築である。建った場所はウィーンの中心に位置するミヒャエル広場。王宮の向かい側という超一等地に、この問題建築は１９１１年に完成した。

今眺めると、どうしてこれが「景観破壊」と呼ばれたのか、さっぱりわからない。全体のシルエットは、周囲の建築にそろえられていておとなしいし、壁は上品な白い漆喰《しっくい》。規則正しい窓の開け方には、数学的なハーモニーが感じられる。1、2階はイタリア産の緑色の大理石によって仕上げられ、格調さえ感じられる。

しかし、完成直前、このデザインは市民のひんしゅくを買った。白い壁に窓だけをボコボコ開けたデザインが、当時の豊かな装飾付きの建築を見慣れた人には、あまりにのっぺらぼうに感じられたのである。景観を破壊するけしからん建築だというわけで、当局は工事中止命令を出した。

建築家アドルフ・ロースは、「のっぺらぼう」の確信犯であった。08年、彼は「装飾と犯罪」という論文を発表し、建築に装飾をつけ加えるという行為は犯罪に等しいと糾弾した。「のっぺらぼう」の建築こそ、現代にふさわしい健全な建築であると主張したのだ。

キリスト教社会において、「犯罪」というのは最大級の非難であり、この論文は、当時ヨーロッパで息吹をあげつつあった「近代建築運動」の聖典となったし、罪人呼ばわりされた守旧派は怒り狂った。

ウィーンは大騒ぎになった。ロースは２０００人の聴衆の前で大演説をぶち、あらためて「のっぺらぼう」の価値を力説した。事態収拾のため、建築界の大御所でロースの師匠格のオットー・ワグナーが登場、仲裁にあたった。窓の下に窓台を付けて花を植えるという妥協案で、騒動はようやくおさまった。

それにしても、すでに１００年も前、たかがひとつの建築物のデザインをめぐって、これだけの大騒ぎというのがすさまじい。日本ではその１００年後に「景観法」が施行され、これから都市景観を考えるというのんびりさである。

しかし、実はロースは、日本の影響で「のっぺらぼう」の思想に到達したという説もある。１８９３年アメリカ滞在中のロースは、シカゴ博覧会を訪れ、日本館の「無装飾の美」に感銘を受けたというのである。かつてロースを感動させて「近代建築運動」のきっかけのひとつをつくった日本が、今や景観後進国というのは、何ともさびしい。

当初は服飾店兼住居だった

アドルフ・ロース（1870〜1933）はウィーン北方の都市ブルノの生まれ。ドイツのドレスデン工科大学で学んだ後、米国に渡る。約3年の滞在後、帰国し、ウィーンを拠点として活動を始めた。店舗や住宅の仕事が中心で、初めて都市的な規模の作品を設計したのがロースハウス。当初は紳士服飾店の店舗兼住居だった。

第1次大戦後はウィーン市の集合住宅建設に力をつくした。1920年代半ばはパリで活動した。プラハのミューラー邸（30年）などの作品がヨーロッパ各地に残る。

（上）無装飾の壁が完成時には衝撃を与えた
（下）大理石を張りつめた小エントランス

◆建築の設計と並行してロースは挑発的な論文を残した。論文集『装飾と犯罪』（伊藤哲夫訳、中央公論美術出版）がある。ウェブサイト http://www.adolfloos.at にはロースハウスの画像も収録されている。

新奇
叛奇

シュレーダー邸

所在地◆ユトレヒト市
完成年◆1924年
建築家◆ヘリット・リートフェルト

【文】隈研吾　【写真】二川幸夫

建築というよりは、巨大な家具の中に足を踏み入れたような、不思議な体験であった。

なにしろ、すべてが小さくて、すべてが軽いのである。そして、何でも動かせてしまう。厚くて重たい壁はどこにもない。軽く手を触れるだけで、壁がするすると動いて小部屋が大部屋になったり、テーブルがまわったりする。

何かに似ている……、突然気がついた。そうだ、これは忍者屋敷だ。2階からコインを投げ入れ、パンを引き上げるためのホルン型の奇妙なパイプまでついている。

設計したのは建築家リートフェルト。父は木製家具の職人で、彼自身も家具職人としてスタートした。1924年完成という年にも注意する必要がある。19世紀までの重く暗いヨーロッパを捨て去って、すべてを軽く、明るくしようという空気が、このころ頂点を迎えていた。

石やれんがを積み上げて造った重い建築に代わり、軽く明るい建築が求められた。細い鉄骨や大きなガラスを用いた建築がはやりはじめていたが、建築自体を巨大な家具にしてしまおうなどという、過激な発想の転換は、家具職人ならではの独創であった。

重たい壁を嫌い、襖《ふすま》、屏風《びょうぶ》などの軽いしつらえで空間を構成する伝統的日本建築から、彼がヒントを得たという説もある。「重い」ヨーロッパを軽く明るくするために、日本のアイデアを盗むというのは、当時のヨーロッパの流行でもあった。

浮世絵は近代絵画に影響を与え、漆や竹でできた軽やかな工芸品も、ヨーロッパに大きな影響を与えた。

リートフェルトの友人で、共にデ・ステイルという名の芸術運動を牽引《けんいん》した画家モンドリアンも、日本から多く学んだ。

この家の住人、シュレーダー夫人もユニークであった。彼女は住宅を機械のように軽やかで合理的なものにすることで、女性は家事から解放され、社会に進出すべきだと主張し、「働く女性」という雑誌を発行していた。

しかし、リートフェルトの独創も、シュレーダー夫人の主張も、世界をすぐに変えることはなかった。石やれんがでできた建築が、コンクリートと鉄とガラスの建築に置き換わったにすぎなかった。女性の立場も大きくは変わらなかった。

だからこそ彼らの大きな夢は未完で、そしてその未完さが我々を惹《ひ》きつける。

この家は世界遺産に登録され、世界一小さな世界遺産と呼ばれる。その小さい中に、世界を変える大きな夢が生き続けている。

家具職人の修業生かす

オランダのユトレヒト市で生まれたヘリット・リートフェルト（１８８８〜１９６４）は、家具職人だった父の工房で12歳から徒弟として働いたあと、夜間学校などで学んだ。芸術雑誌「デ・スティル」を中心とした、革新的な総合芸術運動に参加。青赤黄の三原色を使った「赤と青のいす」などで知られる。

手がけた建築は、イタリアのベネチア・ビエンナーレ・オランダ館や、アムステルダムのゴッホ美術館などがある。シュレーダー邸はユトレヒト市に寄贈され、一般公開されている。２０００年、世界遺産に登録された。

（上）代表作の「赤と青のいす」［左下］が置かれた、合理的でモダンな室内
（下）家具職人の知恵も生かされた小住宅

◆シュレーダー邸については、ユトレヒト中央博物館のウェブサイト（http://www.centraalmuseum.nl）や、オランダ政府観光局の日本語ウェブサイト（http://www.holland.or.jp/nbt/holland.text.top.htm）が詳しい。

新奇
叛奇

ル・ランシーのノートル＝ダム教会

所在地◆ル・ランシー市レジスタンス大通り
完成年◆１９２３年
建築家◆オーギュスト・ペレ

【文】隈 研吾 【写真】二川幸夫

フランス

「ここに、神がいる」と、大声で叫びたくなった。四周の壁はすべてステンドグラス。そこから降り注ぐ圧倒的な光の束。中世の人々は、ゴシック教会のステンドグラスから差し込む光を「新しい光」と呼び、その特別な質をもつ光こそ神の出現だと感じた。

でも１９２３年完成のコンクリート打ち放しの建築にどうして、神が宿るのか。光が鍵である。そして光の印象を圧倒的にしているのは、屋根を支持する高さ11メートルの細く長い柱である。

「直径40センチの柱がこんな大空間を支えられるわけがない！」。突然われわれは、この地上を離れ、無重力の宇宙空間に放り出される。そこに神の光が降り注ぐ。目眩《めまい》を覚えるほどの光の洪水。果てなく高揚する精神。

設計したのは「コンクリートの父」とも呼ばれる建築家、オーギュスト・ペレである。もちろん彼は計算を偽って、鉄筋を減らしたり、柱を細くしたりしたわけではない。石や煉《れん》瓦《が》を積み上げるのが当時の一般的な建築施工法だった。そのやり方では、厚い壁と小さな窓の建築しかできない。

コンクリートという新しい材料を使って、大きな窓と薄い壁の「光の建築」を作るため、ペレは実験を重ね、その一生を費やした。

しかも彼は、コンクリートが、倉庫や工場などの実用的建築を作るのに適しているだけでなく、人の心を揺さぶるような、根源的な力を有していることを証明したのである。

当時も今も、教会建築の多くは保守的である。石のような高価で重厚な材料を使えば、自動的に中世の石造りの教会のような荘厳な空間が出来上がると信じられてきた。

しかしペレは、そのような怠慢な設計手法を全否定した。この教会のコンクリートの肌は、倉庫の壁よりももっと粗く、きたない。その上には何の化粧も塗装もない。しかし、それにもかかわらず、いやそれだからこそ、このコンクリートは人を揺さぶる。世の中で本当に大切なものが何かを人に示す。

「富んだ者が、神の国に入ることは難しい」とキリストは語り、清貧の道を説いた。ペレのコンクリート打ち放しは、その教えを具体的な建築の形で人に示した。その教えが20世紀においてこそ有効であると、人々に伝えた。百の言葉を費やすのではなく、一つの実物で示した。

そしてこの一つの力強い実物は、教会以外の建築物にも大きな影響を与えた。最も貧しい材料に、最も崇高な精神が宿ることを示した。

完成当時から注目される

フランスの建築家オーギュスト・ペレ（1874〜1954）は、エコール・デ・ボザール（美術学校）で建築を学んだが、中退。初めは父の建築業を手伝った。弟のギュスターブも建築家。

代表作に、パリの「フランクリン通りのアパートメント」や「シャンゼリゼ劇場」がある。

ル・ランシーの教会は、20世紀にふさわしい表現として完成当時から注目された。日本に事務所を持っていた建築家のアントニン・レーモンドも、「東京女子大チャペル」（1938年）の設計で、「ル・ランシー教会が深い印象を与えた」と、大筋のデザインをなぞった。

(上) コンクリートの格子の間にはめられた色ガラスが荘厳な雰囲気を作る教会内部
(下) 塔が天に向かうようにそびえる

◆ル・ランシーの教会についてはフランス文化省のウェブサイトの説明（http://www.culture.gouv.fr/culture/inventai/itiinv/archixx/pann/p36.htm）がある。ペレについては、『オーギュスト・ペレ』（吉田鋼市著、鹿島出版会）が詳しい。

新奇叛奇

イタリア文明館

所在地◆ローマ市エウル
着工年◆1938年ごろ
建築家◆マルチェッロ・ピアチェンティーニ ほか

【文・写真】山盛英司

イタリア

約2000年前の古代ローマ遺跡コロッセオが残るローマ市の中心から、地下鉄に約20分乗ると、もう一つの「四角いコロッセオ」、イタリア文明館に着く。

1階には彫像群が並び、真っ白な外壁にはアーチが連続する。古代ローマ風に装われた、この近代建築が立つのは新都市エウル。1942年に開催されるはずだった、ローマ万博の予定地。そして、最後で最大のファシズムの遺産でもある。

ファシスト党を率いた総帥ムソリーニは22年、首相に就任した。「すべてが巨大で、すべてが美しいファシズムの新しい大都市ローマ」を造ろうと、ローマの改造に着手。「帝国の道」を通し、ローマ大学都市を計画した。

そんなムソリーニにとって、ローマ万博は理想のファシスト都市をまるごと造る好機だった。

場所は、古代ローマ時代に地中海への窓口として栄えた都市オスティアと、ローマを結ぶ線上。建築家ピアチェンティーニの総指揮の下、古代ローマを思わせる古典主義風で、巨大な記念碑のような建築が次々と計画された。同国の文明の歴史を展示するイタリア文明館、太い柱が並ぶ会議場、高い壁がそそり立つローマ文明博物館……。

それにしても、「古代ローマ」ばかり。イタリア近現代史に詳しい藤澤房俊・東京経済大学教授は「ファシズム体制の戦略として、古代ローマの栄光を再現しようとした」という。

当時、イタリアは欧米の中で政治・経済的に後れをとっていた。自らをローマ皇帝アウグストゥスになぞらえてもいたムソリーニにとって、古代ローマの栄光の再現は、国威発揚の格好の手段だったのだ。

ベルリン・オリンピックを成功させ、急速に台頭してきたヒトラーへの対抗意識もあり、ローマ万博を「文明のオリンピック」とうたい上げた。

だが、第2次大戦の泥沼に陥り、建設は中断した。戦後に再開発され、官公庁や企業、スポーツ施設、集合住宅などが立ち並ぶ新興地域となった。ファシズム建築も、博物館や会議場として活用されている。

週末、エウルのオフィス街からは人影が減る。がらんとした街路を歩くと、突然、古代遺跡のはりぼてのような巨大建築が、行く手をふさぐ。

ここは、ファシズムの記憶が刻印された街だ。それをこの国の人々はしたたかに残し、活用する。古代ローマの皇帝たちの偉大な遺産に比べれば、ファシストの夢など、ちっぽけな妄想だといわんばかりに。

極端に誇張された空間

第1次大戦後、イタリアは、合理主義建築を手がける、先進的な建築家たちを輩出した。彼らの中にはファシズムに共鳴した者も多い。イタリア文明館はマルチェッロ・ピアチェンティーニ、G・グエッリーニ、E・B・ラ・パドゥーラ、M・ロマーノ、会議場はA・リベラが設計した。

ファシズムの思想に支配されたエウルについて、建築家で、イタリアの近現代建築に詳しい鵜沢隆・筑波大学教授は「建築本来の機能が感じられない、映画のセットのような建築が集まった、極端に誇張された空間」と指摘している。

エウルは、ローマ万博のイタリア語の略称「EUR」からつけられた。

(上)小高い丘にそびえるイタリア文明館
(下)イタリア文明館の正面から見たエウルの街

◆エウルのウェブサイト(http://www.romaeur.it)に、建築計画の紹介がある。思想・歴史の視点からみたファシズム期の都市改造については、『第三のローマ』(藤澤房俊著、新書館)が詳しい。

新奇叛奇

メルモンテ日光霧降

所在地◆栃木県日光市霧降高原
完成年◆1997年
建築家◆ロバート・ベンチューリ、デニス・スコット・ブラウン ほか

【文・写真】**松葉一清**

日本

「ビレッジストリート」と命名されたガラスのアトリウムの内部は、さながらびっくり箱のおもむき。空中のブリッジから眺めると、表現の愛らしさに思わずほほえんでしまう。理屈抜きに楽しい空間だ。

海外の人の目には日本名物と映る電柱の列を、垂れ下がった電線が結ぶ。近場の商店街でよく見かける造花の飾りつけもあれば、頭上で輝く街灯はいかにも補助金で整備した風の流線形ときている。それらパネルにプリントしたポップアート調の図像のすき間では、着物の柄がネオンサインで照らしだされている。

「メルモンテ日光霧降」は郵便貯金総合保養施設。ここまで制約のない自由な表現だったら、建築は一足先に「民営化」されたことになる。

設計はロバート・ベンチューリとデニス・スコット・ブラウン夫妻。彼らのなかば露悪的で、とんがった思考が、観光名所の代名詞、日光で開花した。

1960年代、彼らは、砂漠を貫く自動車道路の両側に、大量消費財の巨大な看板やカジノのネオンがならぶ米ラスベガスを現地調査。その結果をもとに消費都市を論じる『ラーニング・フロム・ラスベガス（ラスベガスから学ぶこと）』を著した。知性とほど遠いラスベガスを、古都ローマと比較して考察した「奇書」は、ポスト・モダンの先陣を切り、世界的に注目される存在になった。

アグリーでオーディナリー。すなわち醜悪で平凡なものこそが、20世紀のモダニズムの対極に位置する。冒険的な大空間に自己陶酔し、人間疎外を広めたモダニズムの英雄志向に、「カッコ悪い日常」が風穴を開けるというわけだ。その思考が、街頭に商標のあふれる日本の都市に刺激され、日光のアトリウムは「田舎町の商店街」（ベンチューリ）となった。

新旧2種類の赤い郵便ポストがやはりパネル仕立てで置かれている。これは郵便事業を意識したジョーク。ホテル、温水プールなど複数の棟で構成する相応な規模の施設に、瓦屋根を模した装飾をつけ、外観も日本風にこだわった。

そんな仕立てを歓迎すべきなのか、おちょくられていると憤るべきなのか？

最近のベンチューリのスローガンのひとつは「ラーニング・フロム・トーキョー」。世界企業の本社と神社、超高層と露店が共存する東京こそ、ラスベガスに続いて彼らが赴く対象なのだと考える。理念の建築家にそこまで刺激を与える環境に暮らす日々を、まあ前向きに受け止めようか。

皮肉交えてモダニズム批判

ロバート・ベンチューリ（1925年生まれ）は、デニス・スコット・ブラウンとともに、米フィラデルフィアに設計事務所を構え、モダニズム批判の活動を展開し続けている。巨匠ミース・ファン・デル・ローエがモダニズムの禁欲性を強調した有名な警句「レス・イズ・モア（より少ないことが豊かだ）」をもじった「レス・イズ・ア・ボア（少ないことは退屈だ）」など、皮肉たっぷりの言説でも知られる。

90年代以降の主な作品に、ロンドンのナショナル・ギャラリー・セインズベリー館、米シアトル美術館などがある。

2007年に民間に売却されて、「湯屋日光霧降」と改名した。

（上）電柱、造花など日本の商店街をグラフィックスに仕立てた
（下）妻壁には和風の瓦屋根のデザイン

◆ベンチューリの代表的著作『建築の多様性と対立性』と『ラーニング・フロム・ラスベガス』（邦題『ラスベガス』）は訳書が鹿島出版会から刊行されている。彼の設計事務所のウェブサイト（http://www.vsba.com）は、彼らの活動を網羅する。

本書は朝日新聞日曜版「be on Sunday」に
2005年3月～2006年12月まで連載された
《奇想遺産》からセレクトしたものです。

《ブック・デザイン》 新潮社装幀室
《地図製作》 ジェイ・マップ

奇想遺産《きそういさん》 世界《せかい》のふしぎ建築物語《けんちくものがたり》

発行 2007年9月20日
3刷 2007年11月30日

著者 鈴木博之《すずきひろゆき》 藤森照信《ふじもりてるのぶ》 隈《くま》 研吾《けんご》
松葉一清《まつばかずきよ》 山盛英司《やまもりえいじ》
発行者 佐藤隆信
発行所 株式会社新潮社
住所 〒162-8711 東京都新宿区矢来町71
電話 編集部 03-3266-5611
読者係 03-3266-5111
http://www.shinchosha.co.jp
印刷所 半七写真印刷工業株式会社
製本所 加藤製本株式会社

ISBN978-4-10-305531-0 C0052

鈴木博之（すずき・ひろゆき）
建築史家
昭和20（1945）年生まれ。
東京大学大学院工学系研究科建築学専攻教授。
著書に、『建築の遺伝子』（王国社、2007）、『都市のかなしみ―建築百年のかたち』（中央公論新社、2003）、『建築の世紀末』（晶文社、1977）など。

藤森照信（ふじもり・てるのぶ）
建築史家
昭和21（1946）年生まれ。
東京大学生産技術研究所教授。
著書に、『人類と建築の歴史』（ちくまプリマー新書、2005）、『天下無双の建築学入門』（ちくま新書、2001）など。

隈 研吾（くま・けんご）
建築家
昭和29（1954）年生まれ。
隈研吾建築都市設計事務所主宰。
慶應義塾大学理工学部教授。
著書に、『負ける建築』（岩波書店、2004）、『反オブジェクト』（筑摩書房、2000）、『新・建築入門―思想と歴史』（ちくま新書、1994）など。

松葉一清（まつば・かずきよ）
朝日新聞社編集委員
昭和28（1953）年生まれ。
著書に、『新建築ウォッチング2003-04』（朝日新聞社、2004）、『モール、コンビニ、ソーホー』（NTT出版、2002）など。

山盛英司（やまもり・えいじ）
朝日新聞西部本社報道センター次長
昭和38（1963）年生まれ。